HANDBOEK SUCCESVOL PUBLICEREN OP AMAZON

WERELDWIJD UITGEVEN EN
BOEKPROMOTIE KUN JE NU ZELF!

LIESBETH HEENK

Auteur: Liesbeth Heenk

Titel: Handboek Succesvol Publiceren op Amazon. Wereldwijd uitgeven en boekpromotie kun je nu zelf!

Uitgever: Amsterdam Publishers

ISBN: 9789493056473 (paperback)

Copyright © Liesbeth Heenk 2020

Geheel gereviseerde versie van het gelijknamige boek dat in 2014 verscheen.

NUR: 801 Management Boek Algemeen

Belangrijke noot voor de lezer All Rights Reserved. Behoudens de in of krachtens de Auteurswet van 1912 gestelde uitzonderingen mag niets uit deze uitgave worden verveelvoudigd, opgeslagen in een geautomatiseerd gegevensbestand, of openbaar gemaakt, in enige vorm of op enige wijze, hetzij elektronisch, mechanisch, door fotokopieën, opnamen of op een andere manier, zonder voorafgaande schriftelijke toestemming van de uitgever.

CONTENTS

Introductie ... 1

DEEL I
TRADITIONELE UITGEVER OF EIGEN UITGEVER?

De Uitgeefwereld ... 5
Voordelen van uitgeven op Amazon ... 10
Nadelen van uitgeven op Amazon ... 15

DEEL II
EEN SUCCESVOL BOEK

Introductie ... 23
Schrijven ... 25
Redactie ... 32
Bepaal je doelgroep ... 34
Vertalen ... 37
Call-to-Action ... 40
Request for review ... 43

DEEL III
METADATA

Titel ... 47
Boekbeschrijving ... 50
Categoriekeuze ... 55
Zoekwoorden ... 65

DEEL IV
BOEK OMSLAG

Belang van een cover ... 69
Kleuren ... 71
Ontwerp ... 73
Formaat ... 77

DEEL V
VAN MANUSCRIPT NAAR BOEK

Van manuscript naar ebook	81
Van manuscript naar paperback	83

DEEL VI
KDP DASHBOARD

Het KDP dashboard	87
Uploaden van je ebook	93
Uploaden van je paperback	104
Amazon en belasting	110

DEEL VII
KDP SELECT

KDP of KDP Select?	117
Free promo	119
Kindle Countdown Deals	121
KDP Select Global Fund	122
KOLL	124
KDP Select All-Stars	126

DEEL VIII
AUTEURSPAGINA

Amazon Central Author Page	129

DEEL IX
BOEKPROMOTIE

Introductie	137
Voorbereiding	139
Media	143
Pre-Order	145
Online!	147
Amazon's promotiemiddelen	160
Blogtours & Podcasts	166
Bulkverkoop	168
Reviews	170
Bookclubs	172
Amazon advertenties	175

Boek advertenties	183

DEEL X
BREDER PUBLICEREN

Meer uitgeefplatforms	189
Bol.com	195
Audio	197

DEEL XI
BIJLAGEN

Checklist boeklancering	203
Handige websites	207
Hashtags voor auteurs	209
Nawoord	211
Request for Review	213

INTRODUCTIE

Ik ga je meenemen in de fascinerende wereld van het internationale uitgeven op Amazon. Het boek bevat alles wat je moet weten om succesvol uit te geven op Amazon. Niet alleen wordt precies uitgelegd hoe je een ebook en paperback in eigen beheer uitgeeft op Amazon, maar ook wordt er veel aandacht besteed aan de boekpromotie. Marketing en promotie zijn grotendeels bepalend voor succes. Hierbij concentreer ik me op de promotie van een Engels boek.

Met deze informatie heb je alle kennis in huis om direct aan de slag te gaan met het uitgeven in eigen beheer op Amazon.

Nu Amazon met een full store in Nederland is biedt dat grote kansen voor auteurs die hun boek willen publiceren op Amazon - in welke taal dan ook.

Liesbeth Heenk - maart 2020

I
TRADITIONELE UITGEVER OF EIGEN UITGEVER?

DE UITGEEFWERELD

Het schrijven van een boek is populair. Veel mensen lopen rond met het idee om een boek te publiceren. Immers, wie schrijft die blijft. Met name bij ondernemers staat het schrijven van een boek hoog op het prioriteitenlijstje omdat er geen beter visitekaartje is voor je bedrijf dan een boek met jouw boodschap. Privépersonen schrijven ook steeds vaker een boek.

En wat doen de meeste auteurs als ze hun manuscript af hebben? Ze bewandelen het liefst de route die ze kennen en sturen hun manuscript op naar een of meerdere uitgevers. Vrijwel iedereen die voor het eerst een boek schrijft hoopt op een contract bij een traditionele uitgever. De teleurstelling is groot als blijkt dat ze lang moeten wachten tot hun werk beoordeeld wordt. Het kan maanden tot zelfs ruim een jaar duren voordat ze - in negenennegentig van de honderd keer - een afwijzing ontvangen. En die afwijzing betekent niet per se dat het een kwalitatief slecht werk is.

De grotere Nederlandse en Vlaamse uitgeverijen ontvangen jaarlijks wel zo'n 1000 tot 1500 manuscripten, terwijl ze niet meer nieuwe titels uitbrengen dan zo'n 40 of 50. Veel daarvan zijn bovendien vertaalde werken van populaire auteurs, of nieuwe boeken van gevestigde auteurs. Wat is er makkelijker dan de rechten aankopen van een titel die internationaal goed loopt en het boek uit te brengen in een andere taal? Vaak bewandelen gevestigde uitgevers deze route waardoor nieuwe auteurs buiten de boot vallen.

Tel uit je kansen als debuterende auteur of als ondernemer die een eigen boodschap in boekvorm wil verspreiden. Mik je op de Engelstalige markt en stuur je je manuscript op naar een grote buitenlandse uitgever, dan kun je het bij voorbaat al schudden vanwege de overstelpende hoeveelheid manuscripten die zij dagelijks ontvangen. Op websites van veel uitgevers staat dat zij niet ongevraagd manuscripten willen ontvangen en slechts werken via een agent.

Uitgeverijen zijn behoorlijk kieskeurig waar het gaat om het accepteren van nieuwe titels in hun fondsen. Het komt wel voor dat een onbekende auteur een contract krijgt aangeboden, maar vaak spelen secundaire factoren een rol als naamsbekendheid, leeftijd en een netwerk op de sociale media.

Het is niet aardig om te zeggen, maar je mogelijkheden zijn veel groter als je een leuk uitziende, frisse jonge BN-er bent met een groot netwerk. Debuteer je als onbekende 70-jarige auteur? Dan maak je weinig kans, ook al schrijf je nog zo goed. Vroeger kon een uitgever nog wel eens een boek van een onbekende maar veelbelovende auteur financieren met de opbrengsten van een bestseller. Tegenwoordig moet elke titel in principe winstgevend zijn; er moet omzet gedraaid worden.

Een goed geschreven manuscript vormt een mooie basis maar is zeker geen garantie voor succes. Het is handig als je zelf over een groot reservoir beschikt aan vrienden (het liefst natuurlijk influencers!), volgers en vakgenoten, daarnaast een goede website hebt, en bovendien een interessante levensgeschiedenis die tot de verbeelding spreekt..!

Steeds meer auteurs kiezen ervoor het proces van uitgeven in eigen hand te houden, en geven de voorkeur aan het publiceren in eigen beheer. Dat is een aantrekkelijke en relatief gemakkelijke manier van uitgeven.

Waarom is uitgeven in eigen beheer zo aantrekkelijk? Ten eerste zijn de opstart- en productiekosten lager en daarmee de risico's kleiner. Er is geen sprake van opslagkosten (of het moet natuurlijk zijn dat je een boek in oplage laat drukken), en in potentie hebben ebooks een groter bereik dan fysieke boeken. Alle opbrengsten minus die van Amazon als uitgeefplatform zijn voor jou als auteur, en je bent volledig baas over je eigen manuscript. Kortom, je bent maximaal zelfstandig.

Er worden steeds meer mogelijkheden aangeboden en platforms opgericht om je te begeleiden bij het publiceren van je eigen ebook en paperback. Zo wordt de markt overspoeld met schrijfcoaches die zich bezighouden met het begeleiden van auteurs in het proces van idee naar boek. Wees voorzichtig, want het is geen beschermd beroep..!

Tot nu toe blijken Nederlandse auteurs dikwijls nog te kiezen voor het publiceren via het CB (voormalig Centraal Boekhuis) waardoor hun publicatie onder andere bij bol.com verkrijgbaar is. Nederlands is onze moedertaal, dus is het vanzelfsprekend dat onze geschreven teksten in eerste instantie Nederlandstalig zullen zijn. De route via het CB was tot nu toe een voor de hand liggende keuze waar het gaat om Nederlandstalige boeken.

Sinds Amazon de deuren in Nederland heeft geopend in november 2014 is het aantal Nederlandstalige ebooks op Amazon gegroeid. Met het uitrollen door Amazon van een zogenaamde 'full store' in Nederland op 10 maart 2020, is er veel veranderd voor auteurs. Het assortiment is met miljoenen artikelen uitgebreid, waaronder paperbacks.

Dit biedt een uitgelezen kans voor auteurs die het heft in eigen hand willen houden om behalve hun ebook ook hun Nederlandstalige paperback online te zetten.

De activiteit van het uploaden en het converteren van je manuscript in Word naar een digitaal bestand is geen rocket science. Maar het publiceren van een boek - op welk internationaal platform dan ook - is geen simpele 'get-rich-quick' methode. Uploaden van bestanden kan iedereen. Maar om er een echt succes van te maken is meer nodig. Het redigeren en eventueel laten vertalen van je manuscript kost geld. Een cover kost gelukkig weinig (of zelfs niets), en een effectieve marketing wordt ook steeds duurder.

Maar staat je boek eenmaal online, en heb je een onderwerp gekozen waar vraag naar is (en blijft), dan kun je je op de promotie concentreren en komen de royalty's als het goed is vanzelf.

De boekenmarkt is volop in beweging. Er komen steeds meer promotiemogelijkheden bij voor Engelstalige boeken. Verkijk je echter niet op de hoeveelheid tijd en energie die je erin moet steken om succesvol te zijn. Als je succes wilt hebben, dan moet je bereid zijn om elke dag wat aan promotie te doen. De wereld is groot en om enigszins mee te kunnen praten op mondiaal niveau is niets meer of minder dan een gevecht. De wereld voor een Nederlands boek is wat overzichtelijker, maar daar moet je ook hard aan trekken.

In dit handboek laat ik precies zien hoe uitgeven en promoten werkt. Het boek is bedoeld voor alle auteurs waarbij het niet uitmaakt of je fictie of non-fictie schrijft.

Om te beginnen wil ik je een eerlijk beeld geven van uitgeven op Amazon, dus zet alle voor- en nadelen voor je op een rijtje.

VOORDELEN VAN UITGEVEN OP AMAZON

Amazon, opgericht door Jeff Bezos in 1994, is een van de grootste wereldwijde retailers. Als één bedrijf weet hoe het een product moet verkopen dan is het Amazon wel. Daarvan profiteer je enorm als je een eigen product op hun website hebt staan.

Amazon scoort hoog in Google. Met andere woorden: Amazon heeft een hoge 'page rank'.[1] Het kost je minder inspanning om hoog in Amazon te komen dan in Google waar Search Engine Optimization (SEO) een moeizaam proces kan zijn omdat het algoritme steeds opnieuw wordt aangepast; staat jouw website de ene dag op de eerste pagina, de volgende dag kun je zijn weggezakt. Dat zal Amazon niet zo snel overkomen.

Mensen die op de Amazon browsen, zoeken niet alleen, ze willen daadwerkelijk kopen. Men zit als het ware met de creditcard in de hand achter de computer. Dit is anders dan bij Google of YouTube waar men zoekt en niet direct de intentie heeft om iets aan te schaffen, maar veeleer iets te weten wil komen. Amazon beschikt over de creditcardgegevens van tientallen miljoenen consumenten die ooit iets hebben aangekocht en maakt het ze makkelijk door met één druk op de knop te kunnen betalen. Dit razendsnelle en efficiënte systeem zorgt voor veel vervolgaankopen.

Self publishing op Amazons 'Kindle Direct Publishing' (KDP) platform hoeft geen cent te kosten. Het gebruik van dit self publishing systeem is gratis. Je kunt er voor niets je geconverteerde manuscript uploaden, de prijs van je ebook en paperback bepalen, en zelfs een gratis cover maken. Ook een ISBN hoef je in principe niet aan te schaffen, want elk ebook wordt voorzien van een gratis Amazon identificatienummer, een ASIN.

Op het KDP platform staat de auteur centraal. De meeste concurrenten van KDP zijn overigens ook gratis, maar vaak moet je daar wel een ISBN aanschaffen en werkt het systeem minder goed.

De royalty's die je op Amazon kunt verdienen liggen gemiddeld op 70% (ebook) en 60% (paperback). Er is nog een 35% optie voor ebooks, waarover later meer. Het percentage van 70% c.q. 60% is interessant en vele malen meer dan je bij een traditionele uitgever zou verdienen.

Als je een bepaald promotieprogramma gebruikt, KDP Select, dan vergroot je de kans op downloads omdat je gebruik maakt van Amazons interne promotiemiddelen. Dit programma biedt veel voordelen en is tot nu toe niet geëvenaard door andere uitgeefplatforms.

Amazon beschikt over een vrij goede 24/7 service in het Engels, maar er is ook een Nederlandstalige helpdesk voor wie dat prettiger vindt. Veel informatie is te vinden op uitgebreide helppagina's in diverse talen en er is een forum waarop je kunt communiceren met collega auteurs.

Het duurt niet veel langer dan een dag voor je vraag beantwoord is.

Amazon is een bedrijf dat echt de wensen van de consument - of in dit geval de auteur - centraal stelt en zet in op maximale service. Ze zijn zelfs vaak blij als je iets vraagt wat ze tot dan toe niet hebben kunnen bieden.

Je bent 100% eigen baas door gebruik te maken van het KDP programma. Zo kun je je boek tussentijds heruitgeven zonder dat het offline hoeft te gaan. Vind je de cover wat verouderd? Upload gewoon een nieuwe cover. Op je eigen KDP dashboard staan alle gegevens van je titels (zowel ebook als print) die je te allen tijde zelf kunt aanpassen: boekbeschrijving, keywords, cover, digitaal bestand (als je toch nog een foutje in het binnenwerk bent tegengekomen), etc. Het dashboard biedt volledige flexibiliteit. Ook al geeft de site aan dat het tot 72 uur kan duren, neemt het rond de 12 uur in beslag of zelfs eerder, voor je de aanpassingen op alle 245 Amazon websites ziet.

Ook de netto verkoopprijs kun je aanpassen, zelfs per land / continent. Als het ebook even niet zo goed verkoopt, kun je de prijs laten zakken zodat er weer meer gedownload wordt. Zo kun je spelen met de prijs om het aantal downloads te maximaliseren.

De wet op de vaste boekenprijs geldt niet voor ebooks, dus niets let jou om de prijzen op de verschillende Amazon marketplaces onderling te laten verschillen: amazon.com, amazon.co.uk, amazon.ca, amazon.com.au, amazon.com.mx, amazon.co.jp, amazon.in, amazon.com.br, amazon.de, amazon.fr, amazon.nl, amazon.es, amazon.it. Of dit verstandig is hangt van de omstandigheden af. Deze websites zijn onafhankelijk entiteiten. Vaak is het handiger alle prijzen te koppelen aan de prijs die je voor amazon.com instelt.

Op jouw persoonlijke KDP verkoopdashboard https://kdp.amazon.com kun je dagelijks het aantal downloads per Amazon marketplace zien. Het toont de bestelgeschiedenis en royalty's die je hebt verdiend gedurende de laatste 90 dagen / 30 dagen / afgelopen maand / laatste 2 weken / afgelopen week in een grafiek die de totale dagelijkse downloads weergeeft, waardoor je de trends gemakkelijk kunt volgen. Er zit weliswaar een vertraging in, maar die is maximaal een dag.

Het systeem laat je filteren op datumbereik, titel, marketplace, aantal gelezen pagina's (!) en ebook of paperback.

Heel handig is dat je de downloads en sales voor ebooks respectievelijk paperbacks in het afgelopen jaar kunt zien. Fascinerend en licht verslavend!

Jouw ebook kan op veel apparaten gelezen worden, dus niet alleen op een Kindle reader zoals men vaak denkt. Het is dus geen probleem als jij niet over een Kindle reader beschikt. Ook kopers hoeven geen Kindle reader te hebben.

Op de Amazon site is gratis software beschikbaar waarmee je de kwaliteit van het lezen op een Kindle Reader kunt nabootsen op je PC, Mac of smartphone. Je kunt echter geen Kindle ebooks (zo heten ebooks op Amazon) lezen als je bijvoorbeeld een Sony of een Kobo reader hebt vanwege de DRM beveiliging en het feit dat deze platforms een zogenaamd 'mobi' bestand (het formaat waarin alle digitale publicaties op Amazon zijn gemaakt) niet accepteren. Wil je dit persé kunnen doen op niet-Kindle readers, dan moet je de Kindle / mobi file converteren in een programma als Calibre. Maar je kunt ook gewoon de Kindle software downloaden op je tablet, smartphone, iPad of computer (PC of Mac). De gratis Kindle software vind je in de Apple store (voor Apple Mac), op Google Play (voor Android), in de Windows Store (voor Windows Phone) en in de eigen Amazon app store (voor Android).

Je Kindle ebook kan in 245 landen ter wereld worden aangeboden, waaronder in Nederland en België, mits je dat aanvinkt op je dashboard. Dat is een fors bereik! Het aantal landen wordt om de zoveel tijd uitgebreid.

Er zijn nog meer voordelen, maar hier heb ik de belangrijkste wel genoemd. Amazon is voortdurend in ontwikkeling en stelt alles in het werk om het de auteur zo gemakkelijk mogelijk te maken, zonder natuurlijk hun eigen belang uit het oog te verliezen.

---

1. In dit handboek hanteer ik veel Engelse termen. Excuses daarvoor! Maar omdat deze publicatie gaat over een Amerikaans bedrijf en alles wat daaromheen hangt ook Amerikaans is, is het wel zo praktisch.

NADELEN VAN UITGEVEN OP AMAZON

Is het dan allemaal rozengeur en maneschijn? En moeten alle auteurs hun manuscripten *en masse* op Amazon zetten? Er zijn wel een paar nadelen.

Sommige van deze nadelen zijn specifiek voor Amazon, maar de meeste nadelen betreffen het internationaal publiceren in het algemeen, nadelen die dus ook gelden voor andere internationale uitgeefplatforms. Ik zal ze noemen zodat je alles kunt afwegen.

Er staan op dit moment meer dan 6 miljoen ebooks op Amazon en nog veel meer fysieke boeken. Vanwege deze competitie moet je het als een serieuze business aanpakken om jouw publicatie onder de aandacht te brengen. Maandelijks komen er ruim 100.000 (!) nieuwe Kindle ebooks bij. De competitie is moordend.

Er is dan ook geen enkele garantie dat het je zal lukken om succesvol te zijn. De mate van succes hangt af van de kwaliteit van het manuscript het, genre, de vraag ernaar, een pakkende cover en metadata als boekbeschrijving, een goede titel, zoektermen, genres - en natuurlijk boekpromotie.

Je wordt pas na een dag of 60 / 90 uitbetaald. Dat is wellicht alleen in de eerste maand een beetje onhandig.

De internationale boekenprijs is beduidend lager dan in Nederland. De prijs van ebooks in Nederland ligt op het ogenblik nog ongeveer 20% onder de winkelprijs van een fysiek boek. Dit is hoog en zou - gedeeltelijk - het aantal illegale downloads kunnen verklaren. Als je dezelfde prijsstelling zou hanteren op de wereldmarkt is de kans op downloads gering.

Elke auteur die in eigen beheer uitgeeft, op welk platform dan ook, moet zijn eigen marketing en boekpromotie doen, iets wat veel tijd en aandacht vergt als je dat goed wilt doen. Daarnaast heb je ook de verantwoordelijkheid over de redactie, de vormgeving van het binnenwerk, het ontwerp van je boekomslag en de boekbeschrijving. Maar gelukkig kun je deze zaken uitbesteden als je over onvoldoende kennis op die gebieden beschikt.

Je boek ligt niet automatisch bij bol.com of in de Nederlandse boekhandels.

Je hebt nog steeds meer status als auteur wanneer je door een traditionele uitgever wordt uitgegeven. Het hangt ervan af hoezeer je daar belang aan hecht. Door de lage drempel voor auteurs om hun boek op een uitgeefplatform te plaatsen, staan er ook veel slechte ebooks online. Dat is onvermijdelijk en geldt ook voor Kobo, BravenewBooks, Nook, etc. Uitgevers functioneren als zeef en geven doorgaans redelijk tot goede boeken uit.

Een zogenaamde Indie-auteur ('Indie' staat voor Independent) werd jaren geleden nog als zielepoot beschouwd die ondanks het leuren met zijn manuscript bij de traditionele uitgeverijen geen poot aan de grond had gekregen, daarom de weg van de minste weerstand had gekozen en zijn heil had gezocht in het uitgeven in eigen beheer.

Dat beeld bestaat nog steeds wel enigszins, maar is gelukkig wat gekanteld mede omdat ook gevestigde auteurs af en toe een boek in eigen beheer uitgeven. Er zijn ook legio succesvolle schrijvers die als Indie zijn begonnen en naam hebben gemaakt, zoals bijvoorbeeld J.A. Konrath en Amanda Hocking. Veel auteurs (inclusief ikzelf) hanteren een hybride model waarbij sommige boeken zijn ondergebracht bij traditionele uitgevers en andere in eigen beheer zijn uitgegeven. Vaker wel dan niet is dat een bewuste keuze. In Nederland zijn er ook gevestigde auteurs, zoals bijvoorbeeld Paulien Cornelisse, die succesvol in eigen beheer hebben uitgebracht.

Zonder hulp kan het een gepuzzel zijn om uit te vinden hoe het KDP uitgeefsysteem werkt. Met name het feit dat je zaken doet met een Amerikaanse firma lijkt even lastig. Je moet een belasting vragenlijst invullen hetgeen sommige mensen wat afschrikt. Gelukkig valt het allemaal mee omdat er belastingverdragen zijn tussen de VS en Nederland en tussen de VS en België. Je moet aantonen waar je belasting betaalt. Daarover later meer in het hoofdstuk 'Amazon en Belasting'.

Ik voorzie dat mensen in de toekomst steeds minder bereid zijn om veel te betalen voor een ebook, waardoor de prijs onder druk zal komen te staan. Daarom doe je er goed aan meerdere boeken te publiceren, ongeacht de keuze van je uitgeefplatform.

Afhankelijk van het genre waarin je publiceert, is er

markt voor schappelijk geprijsde ebooks tot ongeveer $5. Veel hoger zou ik niet gaan, tenzij je echt unieke content biedt waar mensen bovendien nog eens geld mee kunnen verdienen of mee kunnen besparen. Zo zijn boeken over de geldsector, beleggen, of over succesvol solliciteren over het algemeen hoger geprijsd. Per genre zijn er gemiddelde prijzen. Voor romans ligt de gemiddelde ebook prijs nu op ongeveer $3,45.

Ongeacht voor welk uitgeefkanaal je kiest, je zult de contactgegevens van de koper van je ebook niet krijgen. Alleen het uitgeefkanaal - in dit geval Amazon - beschikt over de data van kopers van jouw boek en maakt slim gebruik van deze gegevens. Als je via je eigen website verkoopt en de administratieve afhandeling zelf doet zou je natuurlijk wel over de kopersgegevens beschikken.

Hiermee heb je een beknopt overzicht van de voor- en nadelen van het gebruik van Amazon. Het hangt van jouw persoonlijke doel af met schrijven en uitgeven. Voor mij persoonlijk was het volledig zelfstandig kunnen opereren doorslaggevend, plus de hoogte van de royalty's en het mondiale bereik.

Het is een van de mooiste dingen die er zijn; iets bedenken, creëren en vervolgens zien dat mensen jouw product waarderen. Weet je eenmaal hoe het werkt dan is het een verslavende bezigheid.

Voor elke ondernemer is het hebben van een boek op Amazon een prachtig visitekaartje waarmee je uitstraalt dat je verder denkt dan de eigen landsgrenzen. Je ebook en paperback staan immers op alle Amazon websites ter wereld.[1]

---

1. Opmerkingen bij de afbeeldingen in dit handboek: De Amazon website past zich aan de gebruiker aan, dus het kan goed zijn dat jouw scherm er anders uitziet dan die van mij. Amazon registreert nauwgezet het browse- en aankoopgedrag van klanten om vervolgaankopen te optimaliseren.

II
EEN SUCCESVOL BOEK

INTRODUCTIE

Het succes van je boek wordt bepaald door de volgende zaken: de kwaliteit van het manuscript, oftewel de inhoud, een gedegen vooronderzoek, professionele uitstraling, goede metadata en online zichtbaarheid. Hoe zichtbaarder je je boek maakt - niet alleen op het Amazon platform, maar ook daarbuiten - hoe groter de kans op downloads en verkopen.

Van een slechte publicatie kun je met de beste wil van de wereld geen succesvol boek maken. Je kunt promoten wat je wilt en handige trucjes uithalen zoals het verkrijgen van veel reviews zodat het nog ergens op lijkt, maar dat heeft weinig zin bij een slecht boek; de verkopen zullen stagneren.

Misschien heb je een prachtig wervende boekbeschrijving en wordt het daarom verkocht. Maar eenmaal gekocht kunnen lezers het ebook binnen 14 dagen retourneren en hun geld terugkrijgen. Dat zullen ze doen als de inhoud niet aan de verwachtingen voldoet. Bovendien kan men altijd de eerste (ongeveer) 10% van het ebook op Amazon inzien door op de cover te klikken op de Amazon product pagina.

Als je een schrijver van non-fictie bent, is je kans op downloads het grootst als je een probleem voor de lezer oplost. 'How to' boeken doen het over het algemeen goed als daarin bepaalde prangende vragen worden opgelost. Weet je waar je doelgroep mee worstelt, en kom je met een oplossing, dan zul je succesvol zijn.

Ben je een fictie auteur, dan zit je over het algemeen goed met horror, science fiction, thrillers en romantiek. Voor bepaalde kinder- en Young Adult boeken bestaat ook een grote markt. Maar het kan ook goed zijn dat je helemaal niets verkoopt omdat de competitie in vermelde genres erg fors is.

SCHRIJVEN

Ik ga ervan uit dat je schrijven kunt. Als dat toch niet het geval is dan zijn er legio schrijfcoaches die je leren hoe je snel en goed kunt schrijven. Er is van alles op de markt. Er zijn zelfs cursussen die je een bestseller leren schrijven. Persoonlijk geloof ik daar niet zo in, ook niet in cursussen waarin beloofd wordt dat je binnen 28 dagen een boek kunt schrijven. Je hebt dan weliswaar een boek, maar of het ook goed is?

In de Verenigde Staten werd veel gebruik gemaakt van een ghostwriter, iemand die je betaalt en onder wiens teksten jij jouw naam mag zetten. Ik ben daar ook geen voorstander van. Een ghostwriter kan aan de haal gaan met jouw tekst, een soortgelijke tekst voor een andere opdrachtgever produceren, of jou een simpele cut & paste job presenteren.

Engelstalige ghostwriters vind je op bijvoorbeeld iwriter.com of upwork.com.

Voor mensen die dolgraag hun eigen boek in handen

willen houden maar niet kunnen of willen schrijven is er StoryTerrace.

Wellicht overbodig te vermelden, maar zorg dat je over de rechten van een tekst beschikt. Ideeën van anderen omzetten werkt niet, ook al gebeurt dat op grote schaal - gelukkig nu minder dan vroeger. Je komt er misschien even mee weg, maar als er lange passages in staan die als zogenaamde 'duplicate content' gezien worden door Amazon, dan wordt het ebook offline gehaald. De inhoud moet origineel zijn.

Houd je ook verre van het produceren van boeken met PLR (private label right) content of boeken met aanstootgevende inhoud.

Tenzij je over een onderwerp schrijft waarin zaken als jaartallen, cijfers en percentages belangrijk zijn, probeer je manuscript zo tijdloos mogelijk te houden. Anders veroudert het boek te snel en ben je voortdurend aan het updaten.

Schrijfsoftware

Omdat schrijven op zich al een behoorlijke uitdaging vormt, moet je zorgen dat je software gebruikt die je zoveel mogelijk werk uit handen neemt. Als je de juiste software gebruikt, dan bespaar je tijd en energie, of je nu non-fictie of fictie schrijft. Ik heb het dan niet over Word, maar over meer geavanceerde software die speciaal ontwikkeld is voor auteurs. Voor de prijs hoef je het niet te laten, want die ligt (momenteel) rond de $45.

Wat voor software is er voor auteurs? Ik noem twee van de populairste.

Scrivener Er is Scrivener voor Mac en Scrivener voor

PC gebruikers. Dit is een betaalde, populaire software en geldt over het algemeen als de meest geavanceerde Word processor. Scrivener bevat een simpele 'drag & drop' functie, een handige splitscreen en editing functie, maar je hebt wel wat tijd nodig het programma helemaal onder de knie te krijgen. Het fijne van dit programma is dat je uiteindelijk je manuscript kunt converteren naar epub, PDF en mobi! Je hebt dus geen externe partij nodig voor de conversie.

yWriter Dit is gratis software, ontwikkeld door auteur Simon Haynes. Na het schrijven kun je je manuscript exporteren naar PDF en html. Als je naar mobi en epub wilt converteren heb je een extra tool nodig zoals bijvoorbeeld de gratis Calibre software.

Opbouw van de tekst

Als je de structuur, de hoofdstukken en zelfs alle paragrafen van tevoren bepaalt, dan is het schrijven niet meer dan het invullen van de blanco's. Je houdt het overzicht, hetgeen je veel tijd bespaart. Een vooropgezet raamwerk van hoofdstukken werkt prettig en voorkomt bovendien herhalingen.

Op de titelpagina komen de titel, ondertitel, de auteur(s) en eventueel het logo van jouw uitgeverij.

Na de titelpagina volgt een aparte Copyright pagina met Copyright © naam en jaartal, en All Rights Reserved. Het vermelden van All Rights reserved kan niet voorkomen dat jouw tekst wordt gekopieerd. Als men je boek wil kopiëren dan is daar geen enkele DRM beveiliging of watermerk tegen opgewassen.

Informatie over de ISBNs voor ebook en paperback (altijd

twee verschillende), redactie, vertaling, coverdesign, uitgever en contactinformatie kun je ook op die pagina plaatsen.

Je kunt de volgende copyright teksten gebruiken:

Niets uit deze uitgave mag worden verveelvoudigd, door middel van druk, fotokopieën, geautomatiseerde gegevensbestanden of op welke andere wijze ook zonder voorafgaande schriftelijke toestemming van de uitgever.

Of:

Niets uit deze uitgave mag worden verveelvoudigd en/of openbaar gemaakt zonder voorafgaande schriftelijke toestemming van de uitgever.

Of:

Belangrijke noot voor de lezer. Behoudens de in of krachtens de Auteurswet van 1912 gestelde uitzonderingen mag niets uit deze uitgave worden verveelvoudigd, opgeslagen in een geautomatiseerd gegevensbestand, of openbaar gemaakt, in enige vorm of op enige wijze, hetzij elektronisch, mechanisch, door fotokopieën, opnamen of op een andere manier, zonder voorafgaande schriftelijke toestemming van de uitgever.

Het maakt niet veel uit welke van deze teksten je kiest. En hierbij is ook een standaard tekst voor in een Engels ebook:

No part of this publication may be reproduced, distributed, or transmitted in any form or by any means, including photocopying, recording, or other electronic or mechanical methods, without the prior written permission of the publisher, except in the case of brief quotations embodied in critical reviews and certain other non commercial uses permitted by copyright law.

Daarna de inhoudsopgave (niet noodzakelijk bij fictie, maar wel bij non-fictie) waarvan de hoofdstuktitels moeten worden gehyperlinked.

Dan als gebruikelijk het voorwoord, de hoofdstukken, de conclusie, en een stukje over jou als auteur met verwijzingen naar eventuele andere boeken, en tot slot zaken als een call to action of een request for review.

De Engelse terminologie:

- Contents
- Foreword / Preface / Introduction
- About the Author

Op Amazon kun je ongeveer 10% van een ebook gratis inzien (dat percentage heb je niet zelf in de hand, maar wordt bepaald door Amazon), op basis waarvan iemand kan beslissen of hij tot aankoop overgaat. Amazon wil dat de consument kan zien wat voor soort publicatie hij gaat kopen. Besteed dan ook extra veel aandacht aan die eerste openbaar toegankelijke pagina's.

Lengte

Als je je eerste boek schrijft, dan voel je misschien de behoefte om al je kennis daarin te verwerken. Niet doen! Baken je terrein goed af. Het is beter om vijf boeken te hebben met elk een vast omlijnd onderwerp dan één superlange waarin je alles van A-Z behandelt.

Stel je schrijft over huisdieren. In plaats van een boek over het thema 'huisdieren verzorgen' te publiceren, maak je aparte delen over het verzorgen van Abessijnse kittens, het verzorgen van Perzische katten, etcetera.

De ideale lengte voor een ebook is er niet. In de eerste jaren van het digitale boek werd altijd aangeraden om het bondig te houden. Want, zo redeneerde men, de aandachtsspanne van de digitale lezer was kort. Hij was immers onderweg. Dit is in de loop der jaren veranderd. Mensen lezen ook steeds vaker thuis en tijdens vakanties op hun ereader, iPad of zelfs iPhone.

Het aantal pagina's verschilt van niche tot niche. Potentiële kopers checken zeker het aantal pagina's en stellen dan vast of het de moeite van het aankoopbedrag waard is.

Sinds Amazon de regels voor compensatie van geleende exemplaren van een ebook bijstelde, is het lucratiever om langere boeken te schrijven. Je krijgt - mits je in het exclusieve Amazon KDP select zit (waarover later meer) - een compensatie per gelezen pagina.

Waar je ook voor kiest, en hoeveel woorden je manuscript ook telt, het is altijd handig om een **serie** te schrijven. Pas als je een serie hebt kun je van het ene naar het andere ebook verwijzen, en kun je optimaal gebruikmaken van de zogenaamde 'upsales'. Dat geldt ook voor fysieke boeken.

Later kun je al je ebooks bundelen en aanbieden als een set. In de Amazon Kindle store worden je ebooks netjes bij elkaar gezet en kopers van één deel worden aangespoord ook de andere delen aan te schaffen.

Pseudoniem

Mocht je in verschillende niches actief willen zijn, dan

zou je voor elke niche een andere naam kunnen kiezen. Ik kan me goed voorstellen dat je boeken over het kweken van kerstomaatjes in kassen onder pseudoniem schrijft en je eigen naam gebruikt voor je publicaties over marketing research. Of andersom, natuurlijk!

Het schrijven onder pseudoniem heeft wel een nadeel waar het gaat om je auteursprofiel. Je kunt als auteur op Amazon je eigen auteurspagina aanmaken (authorcentral.amazon.com) en je foto uploaden. Op dat gebied moet je dus wat creatief tewerk gaan.

Lezers zijn nieuwsgierig en zien graag een foto van de schrijver in plaats van een afbeelding van een boek of een logo.

REDACTIE

Probeer je hele boek te schrijven zonder te denken aan redactie. Als je tussendoor gaat corrigeren verlies je veel tijd. Het is handiger om niets terug te lezen of te verbeteren totdat het hele boek af is. Corrigeer dan het geheel, en besteed daar veel tijd en aandacht aan.

Het is daarna zaak je manuscript te laten lezen door derden. Dit kan in eerste instantie een bekende zijn, maar liever een professionele redacteur. Je tekst dient grondig geredigeerd te zijn voor publicatie, waarbij je voorbereid moet zijn op kritiek. Dat kan pijn doen, maar het manuscript wordt er altijd beter van. Het is minder pijnlijk om kritiek te ontvangen van een redacteur dan publiekelijk in een recensie te worden afgefakkeld vanwege spelfouten en andere slordigheden in je tekst.

Let wel: er is vrijwel geen boek te vinden waarin geen spelfout zit. Zelfs boeken waar diverse redacteurs en proeflezers aan gewerkt hebben zullen enkele foutjes bevatten. Je kunt echter wel proberen het aantal typos drastisch in te perken door het inschakelen van een goede redacteur.

Op het internet zijn veel redacteurs te vinden. Mocht je in het Engels schrijven kun je kijken op bookdocs.com. Je kunt ook gebruik maken van onze freelance redacteurs. Het zijn native speakers met ruime ervaring, en schappelijk geprijsd.

Er zijn verschillende soorten redactie. Het simpelste en goedkoopste is een redacteur te vragen om de spelfouten en grammaticale fouten eruit te halen. Dit kun je doen als je overtuigd zou zijn van de kwaliteit van je werk en alleen een laatste paar ogen nodig hebt om tot publicatie over te gaan. Maar slecht lopende zinnen worden bij deze aanpak vaak niet gecorrigeerd, en storende herhalingen worden er niet automatisch uitgehaald.

Schrijf je een roman dan is het verstandig een redacteur te nemen die verder dan zinsniveau kijkt en let op de vertelstructuur, de plot en de zinsopbouw. Je kunt hem vragen of de personages voldoende uitgewerkt en geloofwaardig zijn en of er voldoende spanning in je verhaal zit. Inhoudelijk kan hij je daarover adviseren.

Een redacteur kan een non-fictie manuscript beoordelen op heldere structuur en of de boodschap duidelijk doorkomt.

BEPAAL JE DOELGROEP

Er zijn grof gezegd twee manieren van aanpak die omschreven kunnen worden als de 'auteurs modus' of de 'marketing modus'. Laten we beginnen met de auteurs modus: je schrijft dan een boek vanuit jouw passie of vakgebied zonder van tevoren na te hebben gedacht over een lezerspubliek. Deze methode wordt gehanteerd door het grof van de schrijvers.

Je bepaalt dus niet voordat je je boek schrijft wat jouw doelgroep is, het geslacht, de leeftijd of de interesses. Het boek ziet het licht omdat het nu eenmaal geschreven moet worden. Deze methode biedt natuurlijk weinig garantie voor succes. Hoe beter je je doelgroep bepaald hebt, des te beter kun je je boek later in de markt zetten.

Marketing modus

Als je broodschrijver bent, dan doe je er goed aan een bestseller op Amazon uit te kiezen en daar een variant op te schrijven waarbij net alles een slag beter is. Je schrijft dan een boek waarvoor al een bewezen markt is. Door iets te schrijven dat valt in een lucratieve niche is je kans op sales het grootst.

Hoe 'hot' een niche is, of beter een sub-niche, kan per maand verschillen. Deze manier van aanpak moet natuurlijk bij je passen, en je moet ook behoorlijk snel kunnen schrijven om je te kunnen aanpassen aan een veranderende markt. Om te kijken hoe populair een onderwerp is kun je de volgende website gebruiken: trends.google.com/trends.

Auteurs modus & marketing modus

Realistischer is een combinatie van beide manieren van aanpak. Doorgaans schrijven auteurs over een onderwerp waar ze veel over weten, en het resultaat is dan ook – mits er een goede aansluiting is met de doelgroep – iets wat de tand des tijds kan doorstaan.

Probeer bij het schrijven, en dit geldt voornamelijk voor non-fictie, voortdurend je doelgroep voor ogen te houden. Voor wie schrijf je?

- Geslacht
- Leeftijd
- Nationaliteit
- Opleiding
- Interesses

Schrijf niet op wat jij zo nodig kwijt wilt, maar wat je denkt dat jouw doelgroep zou willen weten. Probeer je te verplaatsen in je doelgroep:

- Wat is hun behoefte?

- Welke vragen hebben ze, en hoe speel je daarop in?
- Welke oplossing voor hun probleem kun je bieden?

En handig is ook al te weten waar jouw doelgroep on- en offline samenkomt. Zijn er bepaalde sites? Zitten ze in bepaalde Facebook groepen, of op Instagram? Gaan ze naar bepaalde festivals of congressen? Hoe beter je dat weet, des te beter kun je je marketing daarop afstemmen.

Sommige auteurs zullen al tijdens het schrijven voor ogen hebben voor wie het boek bedoeld is, en zullen dan de best passende boekcategorieën erbij kunnen zoeken. Dit kan het verschil maken tussen een boek dat lekker loopt en een bestseller.

VERTALEN

Auteurs laten vaak voor goud geld een manuscript vertalen zonder eerst te hebben gepolst of er wel behoefte voor het boek is. Ik raad dan ook aan om eerst te kijken hoe je boek in het Nederlands zou lopen voordat je aan de slag gaat met een vertaling. En zelf dat is geen garantie voor succes over de grens.

En als je besluit te laten vertalen let dan op de volgende zaken.

Er kunnen dingen in het manuscript staan die specifiek voor de Nederlandse markt zijn geschreven. Het hangt ervan af of je die eruit moet halen of aan moet passen. Een grensgeval betreft de namen van hoofdpersonen in een roman.

Stel je wilt je manuscript laten vertalen naar het Engels. Dan zijn er de verschillende varianten van het Engels. Op welke markt richt je je? De Amerikaanse markt? Europese markt? Het bepaalt welke taal je moet kiezen. Er is een verschil tussen Amerikaans en Engels. Over het algemeen geldt dat je lezerspubliek voor een fors deel uit

Amerikanen zal bestaan als je een Engelstalige publicatie op Amazon hebt staat.

Laten vertalen is kostbaar, dus vergewis je van de kwaliteit van een vertaler. Ten eerste moet deze altijd een native speaker zijn waarbij hij moet vertalen <u>naar</u> zijn moedertaal. Alleen op die manier zijn de nuances in de taal gewaarborgd.

Voor je met hem of haar in zee gaat is het verstandig een proefvertaling aan te vragen en kennis te maken via Skype of telefoon. Er zijn veel matige vertalers. Dat iemand een M.A. in de Engelse taal- en letterkunde heeft of in Engeland of de VS woont zegt niets. Vertalen is een vak. Daarnaast is de ene vertaler gespecialiseerd in fictie, de andere is een vertaler van juridische of medische teksten.

Probeer op het eind van het proces nog een eindredacteur naar de tekst te laten kijken die de puntjes op de i zet en er eventuele typos uit haalt. Hoe meer ogen hoe beter.

Op een website zoals ProZ.com vind je professionele vertalers. Je kunt zoeken op taal en op specialisatie door zoekwoorden in te typen.

Wat kost een vertaling? Dat is lastig te zeggen omdat dat afhangt van:

- het totaal aantal woorden
- de moeilijkheidsgraad van de tekst
- de aard van de tekst
- het niveau en de ervaring van de vertaler

Grofgezegd moet je rekenen op tussen de 8 en de 18 cent per woord. Mensen denken vaak te besparen op vertaalkosten door direct in het Engels te schrijven. Als je de taal niet 100% machtig bent, doe dat dan niet, want het kost een redacteur vaak net zoveel tijd als het een vertaler kost om jouw Nederlandse manuscript te vertalen naar het Engels. Het blijkt vaak geen besparing.

TIP Indien je je manuscript wilt laten vertalen, maar je beschikt over weinig budget, overweeg dan een zogenaamde 'royalty-split'. Je kunt een bepaalde verdeling van de inkomsten afspreken met een vertaler waarbij je niet voor de vertaalkosten betaalt, maar simpelweg de opbrengsten verdeelt. Dit is een risicovrije regeling voor de auteur, maar niet voor de vertaler die er immers op moet vertrouwen dat het boek goed gaat lopen. Deze royalty-split is vooral handig voor beginnende auteurs. Ook bruikbaar in dit kader zijn de websites van: gengo.com en babelcube.com.

TIP Probeer de volgende fout te vermijden. Ik heb ooit een manuscript laten vertalen in het Portugees door een freelancer die ik op het internet had gevonden. Ik kende de man niet en stuurde hem het hele manuscript. Toen ik het ebook bij voltooiing op Amazon wilde uploaden werd het geweigerd. Wat bleek? De freelancer had het vlak voor mij al gepubliceerd. Al doende leert men..

CALL-TO-ACTION

Voor je je manuscript online zet is het handig om een laatste hoofdstukje toe te voegen aan het manuscript: een zogenaamde 'Call to Action'.

Auteurs kunnen een Call-to-Action (CTA) toevoegen om andere producten te promoten, of om hun emaillijst te vergroten. Dit is een goed idee, temeer daar het geld vaak niet in de verkoop van een boek of ebook zit, maar in het hebben van een lijst, en de upsales.

Wat voor soort CTA's zijn er? En wat kun je ermee? Je kunt een link plaatsen in je ebook naar je eigen website(s), je nieuwsbrief, je Aweber / Mailchimp opt-in formulier, een aparte salespagina of je Facebookpagina.

Het plaatsen van een link naar je website alleen is niet genoeg. Je moet aangeven wat ze daar zullen vinden. Waarom zouden ze naar jouw website gaan, oftewel: 'What's in it for them..?' Mensen geven niet zomaar hun email adres.

Je kunt overwegen om iets weg te geven:

- een audio of podcast
- een video
- een mindmap
- een korting op het volgende deel in de serie
- een preview van het eerste hoofdstuk van het volgende deel in de serie
- een interview
- een consult
- een online training

Het doel van een dergelijke pagina is dat je van een lezer een trouwe volger maakt. Gebruik de CTA om in contact te komen met je lezer. Immers, de aankoop, de betaling en het verzenden van het digitale bestand of paperback lopen allemaal via Amazon.

Als je niet om het emailadres vraagt dan kom je niet te weten wie jouw boek heeft gekocht. Dit is een vaak gehoord bezwaar tegen online retailers. Ze bouwen een prachtige database op van klantgegevens. Maar jij kunt op jouw beurt natuurlijk ook proberen om de klanten naar je toe te halen en hun emailadres te krijgen.

Mocht je om ideeën verlegen zitten, dan kun je op deze CTA pagina je lezers bijvoorbeeld vragen om suggesties en deze te mailen. Wat vinden ze ervan? Hebben ze suggesties voor andere publicaties? Is er iets waarover ze meer zouden willen weten? Zijn bepaalde zaken onderbelicht gebleven?

Vanwege het digitale karakter van een ebook is het plaatsen van een link handig. In een paperback is dat niet het geval. Het heeft daarom geen meerwaarde om daaraan een CTA toe te voegen.

Opt-in lijst

Als een lezer jouw ebook net uit heeft en er tevreden over is, dan kan deze een trouwe vervolgkoper worden. Op je Call-To-Action pagina geef je mensen de mogelijkheid zich in te schrijven voor je emaillijst, je zogenaamde 'opt-in' lijst.

Het werken aan een lijst met namen en emailadressen is belangrijk. Als je beschikt over een grote lijst dan is de kans op verkoop van andere producten of diensten groter. Nu zijn ebooks een perfect vehikel om een dergelijke lijst mee op te bouwen.

TIP Beperk je niet tot het plaatsen van een hyperlink naar andere publicaties, maar zet die hyperlinks achter een afbeelding van een cover. Je kunt er ook voor kiezen om de link naar je Amazon auteurspagina te plaatsen. Die vind je op de volgende site: authorcentral.amazon.com/gp/profile. Een auteurspagina kun je pas aanmaken zodra je eerste publicatie online staat. Dat betekent: eerst je ebook uploaden, auteurspagina aanmaken, ebookfile aanpassen en weer uploaden.

REQUEST FOR REVIEW

Positieve reviews op Amazon zijn cruciaal. Als je eenmaal diverse 4 of 5 star reviews hebt gekregen, dan is dat van invloed op je verkopen. Vraag vriendelijk om een review aan het slot van je boek. *C'est le ton qui fait la musique!*

Download eens wat gratis ebooks en kijk welke manier van vragen aanspreekt.

Een voorbeeeld:

> *It would be greatly appreciated*
> *if you would submit a short review*
> *on Amazon or on Goodreads.*
> *It needn't be long.*
> *That would help me*
> *getting more exposure for my story.*
> *Many thanks in advance!*
> [Author's name]

Een request for review is gebruikelijker in een ebook dan in een paperback.

In een Nederlands ebook hoef je natuurlijk niet de term 'Request for Review' te gebruiken. Je kunt je gewoon richten tot je lezerspubliek aan het eind van je boek met de vraag om een recensie.

III

METADATA

TITEL

Als je boek af is en je wilt de bestanden gaan uploaden (in Hoofdstuk V wordt behandeld hoe je je Wordbestanden kunt converteren), dan dienen de metadata goed worden ingevuld.

Onder metadata wordt verstaan: de titel, eventuele ondertitel, jouw auteursnaam, jouw uitgeversnaam, het jaar van publicatie, het aantal pagina's, het boekformaat, ISBN, de taal waarin het boek is geschreven, maar ook - en daar moet je even voor gaan zitten - de categoriekeuze en de zoekwoorden.

Eerst de titel. Die moet pakken. Non-fictie bestsellers hebben vaak, maar niet altijd, de zoekwoorden waarop ze gevonden willen worden in de ondertitel. Dit is een handige truc, maar het kan ook uit de hand lopen. Sommige non-fictie titels zijn extreem lang. Zorg er in ieder geval voor dat de titel begint met de belangrijkste zoekwoorden.

Je titel moet duidelijk zijn en precies aangeven waar het boek over gaat. De potentiële lezer moet zich niet af hoeven vragen waar het in hemelsnaam over gaat. Als je een roman hebt geschreven mag je natuurlijk creatiever zijn en wat aan de verbeelding overlaten.

Een rijmende titel of een met alliteratie werkt goed omdat een dergelijke titel beter onthouden wordt.

Maak een lijstje met titels voor je non-fictie boek, verwerk daarin je zoekwoorden en streep af. Het is mogelijk dat er titels overblijven waaruit je geen keuze kunt maken. Leg deze dan voor aan je vrienden of kennissen of gebruik hiervoor de sociale media. Dan weten ze meteen dat er een publicatie op komst is en kan hun interesse zijn gewekt.

Om te zien waar mensen binnen Amazon op zoeken kun je een bepaalde term intypen in de centrale zoekbalk, gevolgd door een letter van het alfabet.

Stel je wilt iets schrijven over hypnotherapy. Als je dit woord intikt op Amazon.com en je past All Departments in de interne zoekfunctie aan naar Books of Kindle Store, dan geeft Amazon al meteen aan naar welke combinaties vaak wordt gezocht. Dit is een erg handige functie. Daarna doe je 'hypnotherapy a' , 'hypnotherapy b', en kijkt wat de Amazon zoekbalk automatisch aangeeft, enzovoorts.

Je kunt het proces van zoekwoorden intypen op Google, en de Google keyword tool gebruiken, maar dit is minder van belang.

adwords.google.com/KeywordPlanner

Op misleiding in de metadata wordt nauwlettend toegezien. Ook al is je boek een bestseller mag dat woord niet gebruikt worden, noch in je titel, ondertitel, je bookdescription of in de zoektermen. Het is ook niet toegestaan om het woord gratis / free of de naam van een ander boek of auteur te gebruiken ter promotie van jouw eigen publicatie.

Er bestaan geen regels voor de juiste lengte van een titel. En is je ondertitel al gevuld met belangrijke zoektermen, dan kun je de niet gebruikte termen, of synoniemen, gebruiken wanneer je de zoektermen voor het boek moet opgeven onder het kopje **Keywords** op je KDP dashboard.

BOEKBESCHRIJVING

De boekbeschrijving oftewel bookdescription / blurb / flaptekst is een belangrijk element, want het is deze tekst die op Amazon komt te staan.

Besteed hier veel aandacht aan, en kopieer niet simpelweg een stukje uit de introductie van je publicatie. Je kunt er maximaal 4000 karakters in kwijt. Maar gebruik niet alle beschikbare ruimte. Over het algemeen wordt een tekst van 200 tot hooguit 300 woorden aanbevolen.

In deze beschrijving gaat het om een ander soort schrijven dan je gewend bent, en het is een lastig klusje waar menig auteur tegenop ziet. In deze tekst moet je je product verkopen. Als je een prachtig boek hebt met een waardeloze beschrijving dan is de kans groot dat het niet wordt verkocht.

Boeken met een goede, enthousiasmerende boekbeschrijving verkopen tussen de 4% en de 15% beter. Maar meer zegt de uitkomst van het volgende onderzoek. Mark Dawson, een Engelse auteur, heeft 10.000 van zijn lezers gevraagd naar de reden waarom zij besloten hadden een boek van hem aan te kopen. Het resultaat van zijn enquête: vijf keer zoveel mensen zeiden dat ze daartoe hadden besloten vanwege de beschrijving dan vanwege de cover!

De consument wil geen ellenlange tekst, maar een korte en bondige tekst met alleen kernpunten, waarbij de titel en ondertitel de belangrijkste elementen zijn.

Die titel moet belangstelling wekken, en liefst natuurlijk aansporen tot kopen. Voor non-fictie bestaat de titel vaak uit wat het een consument oplevert. Bij een roman is het de 'hook', of de one-liner die de kern raakt en een emotionele connectie met de lezer tot stand brengt.

Mensen zijn kritisch wanneer ze iets aanschaffen en willen zeker weten dat ze een goede keuze maken. Grote kans dat ze jou niet kennen als auteur, dus je tekst is de enige manier om ze te overtuigen. Help ze over de streep.

Het maakt verschil uit of je fictie of non-fictie schrijft. Ik laat je eerst zien hoe je de beschrijving aanpakt voor non-fictie.

Je hebt de boekbeschrijvingen van jouw onmiddellijke concurrentie bekeken. Je hebt gezien wat zij doen. Wat kun jij ook doen, of misschien nog wel beter?

Gebruik zogenaamde 'actionable words'. En daarin de meest effectieve woorden als: 'click here' (in plaats van 'order) en 'add to cart' (in plaats van 'buy now'), of 'You need to read this book because..'

Wees vooral overtuigend door de volgende woorden te gebruiken. Deze vijf zouden de meest overtuigende woorden zijn in de Engelse taal waar het gaat om verkopen:

- You
- Instantly
- Because
- New

Je mag aannemen dat datzelfde ook geldt voor de Nederlandse taal.

Fictie vereist weer een ander soort boekbeschrijving. Enkele belangrijke aanwijzingen:

- Gebruik een 'hook'. Misschien kun je een verband leggen met de actualiteit?
- Probeer je beschrijving zo bondig mogelijk te maken, zonder herhalingen waarbij je voor de stijl korte en lange zinnen afwisselt. Maak vooral geen samenvatting, maar probeer de lezer in te pakken met iets wat een snaar kan raken. Dus verlies je niet in feiten.
- Ook al zou je roman een super intelligente, gecompliceerde plot hebben, geef niet alles weg. Probeer een emotionele connectie tussen de lezer en je protagonist tot stand te brengen. Schets de ontwikkeling van de persoon zodat lezers zich daarmee kunnen identificeren. Eventuele subplots kun je weglaten. De lezer verliest belangstelling bij te veel informatie.
- Je verhaal zal ongetwijfeld meerdere hoofdpersonen kennen, maar beperk je tot hooguit drie karakters. Die hoeven echt niet met

naam en toenaam genoemd te worden. Een voornaam is voldoende.
- Laat locaties onvermeld tenzij relevant.
- Probeer je verhaal niet voor iedereen aantrekkelijk te maken want dan is de kans groter dat je negatieve reviews krijgt van mensen voor wie het boek eigenlijk niet bedoeld is.
- Ga je verhaal niet uitleggen of verklaren. Dat is meer de taak van een reviewer. Het enige wat je moet doen is die connectie tot stand brengen tussen je hoofdpersoon en je lezers.
- Omdat we uiteindelijk toch gewoontedieren zijn (ook al denken we daar zelf misschien anders over) lezen we graag wat enigszins bekend voorkomt, dus probeer niet te uniek te zijn.
- Eindig je boekbeschrijving met een cliffhanger. Je weet wel, die puntjes op het eind van en zin... De lezer wordt dan nieuwsgierig, en wordt geprikkeld tot aankoop.
- Een vraag die vaak wordt gesteld is: moet de online boekbeschrijving van je ebook anders zijn dan de flaptekst op je paperback. Nee, dat hoeft niet, tenzij je natuurlijk zo'n lange tekst hebt geschreven dat deze niet op het achterplat van je boek past.

Een persoon die zinnige dingen zegt over boekbeschrijvingen is Bryan Cohen. Je vindt informatie over zijn boekbeschrijving service (alleen in het Engels) op:

bestpageforward.net/blurbs

En Bryan Cohens boek over dit onderwerp heet: *How to Write a Sizzling Synopsis: A Step-by-Step System for*

Enticing New Readers, Selling More Fiction, and Making Your Books Sound Good

Ik heb zijn service enkele keren gebruikt voor de boeken die ik via Amsterdam Publishers, mijn internationale uitgeverij, publiceer en was tevreden, maar Cohen is wel aan de prijs. Je kunt 't met bovenstaande tips in principe ook zelf.

CATEGORIEKEUZE

Op je Kindle dashboard staat dat je maximaal twee categorieën mag kiezen om je ebook of paperback in onder te brengen. Amazon zal daar wel een reden voor hebben, namelijk dat ze op de internationale BIC codes zijn gebaseerd, maar deze informatie is niet juist. Je mag tot wel 10 verschillende categorieën voor je boek kiezen. Maak daar dan ook maximaal gebruik van!

Beschouw deze categorieën als virtuele boekenplanken. Het is de kunst om zo hoog mogelijk in een categorie (niche / genre) te komen. Hoe hoger je komt, hoe groter de zichtbaarheid van je product.

De keuze van deze niches is van belang. Sommige niches zijn overvol, en andere weer dunbevolkt waardoor je al redelijk snel in de top komt. Er worden af en toe zelfs categorieën door Amazon aangemaakt waar nog geen enkel ebook in staat! Als je die vindt dan heb je in principe een 'bestseller' zonder ook maar een enkele download te hebben gegenereerd. Dit kun je natuurlijk wel goed vermarkten - hetgeen dan ook voortdurend wordt gedaan - maar bedenk dat de categorie natuurlijk wel relevant moet zijn.

Probeer een dunbevolkte, relevante categorie op Amazon te nemen, en daarnaast een categorie met veel competitie. Vul daarna de rest van de categorieën aan via de help desk (leg ik later uit). Zodra je de top in een categorie hebt bereikt in de dunbevolkte categorie mag je je 'bestselling author' noemen.

Een slecht ebook in een lucratief genre kun je niet succesvol verkopen. De competitie in de populaire genres is erg groot, hetgeen betekent dat je van goede huize moet komen om daarin naar de top te komen.

Vergeet niet dat je concurreert met de grote uitgeefhuizen die ook allemaal hun boeken via Amazon aanbieden. Zij hebben het budget om te investeren in boekpromotie waar je als Indie auteur vaak niet over beschikt. Maar staat je ebook eenmaal hoog in de Amazon rangorde, dan kan het aantal verkopen enkele honderden tot soms duizenden per dag zijn.

Probeer zo exact mogelijk te kiezen. Dan is de kans het grootst dat je hoog komt, of zelfs op de eerste plaats. Kies de subniche van een niche waarin je zo min mogelijk concurrentie hebt. Hierbij is het de kunst een categorie te kiezen die je zou kunnen domineren, maar kies ook weer niet 'in het land der blinden is eenoog koning'.

Zodra je op nummer 1 staat in jouw categorie krijgt jouw ebook het predicaat '#1 Best seller in ....' Dat kun je mooi gebruiken voor je boekpromotie. Het ebook dat het beste scoort heeft Amazon Best Sellers Rank #1. Het slechtste bungelt ergens onderaan, in de miljoenen.

Naarmate het aantal publicaties op het Amazon platform groeit zal dat cijfer steeds hoger worden. Momenteel is er een aanwas van ruim 100.000 nieuwe Kindle ebooks per maand. De niche waarin je publiceert bepaalt het plafond van jouw Best Sellers Rank.

Dit ebook heeft ranking 10,735 op Amazon terwijl het #3 staat in zijn beste niche en #16 in zijn minst goede niche.

Als je vervolgens naar de algemene Amazon ranking kijkt van de #1 bestseller in de niche Books > Biographies & Memoirs > Ethnic & National > Jewish dan zie je daar Anne Franks dagboeken staan met een overall ranking van 663 Dat is een fors verschil.

Product details

File Size: 7581 KB
Print Length: 524 pages
Simultaneous Device Usage: Unlimited
Publisher: Amsterdam Publishers (January 24, 2019)
Publication Date: January 24, 2019
Sold by: Amazon Digital Services LLC
Language: English
ASIN: B07N44PDJH
Text-to-Speech: Enabled
X-Ray: Not Enabled
Word Wise: Enabled
Lending: Enabled
Enhanced Typesetting: Enabled
Amazon Best Sellers Rank: #10,735 Paid in Kindle Store (See Top 100 Paid in Kindle Store)
    #3 in Books > Biographies & Memoirs > Ethnic & National > **Jewish**
    #11 in Kindle Store > Kindle eBooks > History > Europe > **Eastern**
    #16 in Kindle Store > Kindle eBooks > Biographies & Memoirs > Historical > **Europe**

Ook niet onbelangrijk is dat je categorieën kiest die een beetje converteren. Het heeft weinig zin om #1 te staan in een categorie waar geen vraag naar is. Maar - als gezegd - om je bestseller status te verkrijgen is het handig.

Je kunt zelf bepalen wat de beste categoriekeuze is, maar je kunt ook uitbesteden, of super gespecialiseerde software gebruiken. Een betrouwbare partij is K-lytics, ontwikkeld door een Duitser die opereert onder de naam Alex Newton.

Je keuze van de categorieën staat niet vast. Je kunt hiermee spelen, ook als je ebook al online staat. Je kunt switchen van categorie door een nieuwe categorie te kiezen in het drop-down menu op je KDP dashboard of door een mail aan de helpdesk te sturen. Op deze manier kun je bepaalde titels waar je een tijdlang niet naar om hebt gekeken weer hogerop krijgen in de ranking. En hoe hoger in je categorie, des te zichtbaarder je bent. Derhalve meer kans op downloads.

Om de structuur van de Amazon site te begrijpen moet je eerst zien hoe deze in elkaar zit. Links op amazon.com (of een andere Amazon marketplace) zie je het hele aanbod per afdeling onder de tab **Departments.**

Als je op Department klikt dan komt er een scroll-down menu tevoorschijn. Kies: **Kindle Store.** Klik vervolgens op Kindle Books in de horizontale balk er pal onder. Geheel links op de website verschijnen dan alle Kindle ebook afdelingen.

Klik op de categorie die geschikt lijkt voor jouw publicatie. Per categorie staan de Top 100 Paid en de Top 100 Free ebooks gesorteerd. Als je op de nummer 1 klikt in de sub-sub categorie en naar beneden scrolt dan zie je daaronder de Product details. De ranking van een product op Amazon vind je op de onderste regel onder Amazon Best Sellers Rank.

Stel je schrijft een boek over marketing. Je komt daar door diverse keren door te klikken op een categorie totdat je precies bent waar je wezen wilt. **Nonfiction** > **Business & Investing** > **Marketing & Sales** > **Marketing** > **Multilevel**.

Op basis van de Amazon Best Sellers rank kun je erachter komen wat het plafond is. Mocht je dus iets schrijven dat in deze niche thuishoort dan komt je ebook niet hoger dan #5,772

Product details
File Size: 7128 KB
Print Length: 178 pages
Page Numbers Source ISBN: 1719894051
Publication Date: October 8, 2018
Sold by: Amazon Digital Services LLC
Language: English
ASIN: B07J5FZNLK
Text-to-Speech: Enabled
X-Ray: Not Enabled
Word Wise: Not Enabled
Lending: Enabled
Enhanced Typesetting: Enabled
Amazon Best Sellers Rank: #5,772 Paid in Kindle Store (See Top 100 Paid in Kindle Store)
  #1 in Kindle Store > Kindle eBooks > Business & Money > Marketing & Sales > Advertising > Entrepreneurship & Small Business
  #1 in Kindle Store > Kindle eBooks > Business & Money > Industries > **Consulting**
  #1 in Kindle Store > Kindle eBooks > Business & Money > Marketing & Sales > Marketing > **Multilevel**

Hoeveel je verdient is niet precies te zeggen omdat dat afhankelijk is van je prijsstelling. Wel kun je zien hoeveel ebooks je ongeveer per dag verkoopt. Er zijn (onnauwkeurige) Kindle calculators waarop je dat kunt zien:

kindlepreneur.com/amazon-kdp-sales-rank-calculator

Outcry – Holocaust Memoirs van Manny Steinberg, een boek uit 2014 (!) is lange tijd een bestseller gebleven. Op dit screenshot uit 2018 heeft het Amazon rank #2,762, en staat #1 in Education & Teaching > Teacher Resources > High School Biography. Die nummer 1 positie maakte het tot een #1 Amazon Best Seller.

De gelijknamige print-on-demand paperback versie heeft een eigen ranking - toevallig ook een bestseller - namelijk #1 in de categorie Teens > Biographies > Historical.

Inmiddels heeft het boek maar liefst 1657 reviews. Dat komt allemaal doordat het boek destijds een stevige basis heeft gekregen.

Laten we ervan uitgaan dat je nog op zoek bent naar een specifiek onderwerp binnen goed converterende niches met weinig concurrentie en hoge aantallen downloads. Wat doe je dan?

Kijk op Amazon naar de best-selling ebooks in jouw niche, en doe inspiratie op. Klik op het menu links onder Any Department. Ga naar **Kindle eBooks** > **Popular**

in Kindle > Best Sellers & More. Kindle Bestsellers update hourly.

Klik je op Best Sellers dan kom je bij de **Top 100 Free**, en de **Top 100 Paid**, de lijsten waar je graag in wilt staan.

Je kunt hier veel goede ideeën opdoen en analyseren welke boeken goed lopen binnen jouw niche. Je kunt ook op kijken per niche:

Analyseer je competitie. Welke boeken zijn dat? Je zult zien dat de bestsellers vaak titels zijn die als ebook, paperback, hardback en als audio zijn uitgegeven. Wat zijn de top auteurs? Hoe ziet hun book description er uit? Welke zoektermen lijken er te worden gebruikt? Hoe zijn ze geprijsd? Hoe ziet de auteurs website eruit? Klik op de naam van de auteur en je komt op zijn of haar speciale auteurspagina. Heb je eenmaal je specifieke onderwerpskeuze bepaald, volg dan de auteur op de sociale media.

Door goed te kijken naar de bestsellers in jouw genre kun je ideeën opdoen voor zowel de titel als de sub-niche waarin jij wilt publiceren. Benut alle 10 de categorieën.

Het systeem van bestsellers ranking geldt niet voor

paperbacks. Hoeveel sales er ook maar zijn van je paperback, de ranking van je Kindle ebook wordt er niet door beïnvloed.

Aan de andere kant moet je je niet blindstaren op de categoriekeuze.

Amazon lijkt een handje te helpen als er een bewezen markt voor een ebook bestaat, en zoekt dan een categorie waarin de publicatie kan domineren. Ook maakt het voortdurende nieuwe categorieën aan. Houd vooral die nieuwe sub-sub niches in de gaten. Want je kunt op die manier snel op #1 staan in een nog dunbevolkte categorie.

Het is duidelijk dat de keuze van de niches belangrijk is. Bij het lanceren van *The Hidden Village*, een historical fiction boek van Imogen Matthews, heb ik ervoor gekozen om het in de markt te zetten als Young Adult. De concurrentie in historical fiction is namelijk zo groot dat je een betere kans hebt hoog te komen in een YA genre met iets minder concurrentie.

Het interessante is dat het uiteindelijk niet gekocht leek te worden (dat kun je enigszins afleiden uit de reviews) door jongeren. Door de keuze voor YA scoorde het goed en vrijwel vanaf de lancering in 2017 goed presteert. Soms duizenden downloads per dag. Samen met de page-reads van dit redelijk dikke boek zorgen de duizenden downloads voor een fors inkomen. Hier kun je als auteur makkelijk van rondkomen.

Product details

File Size: 3043 KB
Print Length: 368 pages
Simultaneous Device Usage: Unlimited
Publisher: Amsterdam Publishers (May 18, 2017)
Publication Date: May 18, 2017
Sold by: Amazon Digital Services LLC
Language: English
ASIN: B071HY4RMC
Text-to-Speech: Enabled
X-Ray: Enabled
Word Wise: Enabled
Lending: Enabled
Screen Reader: Supported
Enhanced Typesetting: Enabled
Amazon Best Sellers Rank: #2,040 Paid in Kindle Store (See Top 100 Paid in Kindle Store)
  #1 in Kindle Store > Kindle eBooks > Teen & Young Adult > Historical Fiction > **Holocaust**
  #1 in Kindle Store > Kindle eBooks > Teen & Young Adult > Social Issues > **Prejudice**
  #1 in Kindle Store > Kindle eBooks > Teen & Young Adult > Education & Reference > **Adventure & Adventurers**

Hoe vind je een passende niche die bovendien lucratief is? Omdat de keuze bij de lancering van het ebook belangrijk is, en bovendien ingewikkeld omdat je te maken hebt met een wisselende aanbod in die niche, kun je gebruikmaken van K-lytics. Zij hebben software dat niet alleen per niche / categorie kijkt, maar ook per sub-niche en sub-sub niche, en zelfs per sub-sub-sub niche. Ze laten zien in welke boekcategorie je je ebook moet plaatsen waarin zo weinig mogelijk competitie is en zoveel mogelijk opbrengst.

Ben je op een bestseller uit, dan kun je zien hoe je je moet positioneren om aan die felbegeerde (maar vaak misbruikte) bestseller status te komen. Vind je het te duur om een abonnement te nemen, koop dan een eenmalige PDF met info uit jouw genre.

Het komt wel voor dat je ebook niet geplaatst wordt in de categorie van jouw keuze. Dan voldoet het niet aan de eisen van de door jou gekozen categorie. Men kijkt naar de boekbeschrijving , de titel en ondertitel om te bepalen of het ebook wel in een bepaalde categorie thuishoort. Voor meer informatie:

https://kdp.amazon.com/help?topicId=A200PDGPEIQX41#keywords

En er zijn ook bepaalde categorieën uitgesloten, zoals Kindle Shortreads of Kindle Singles. Amazon bepaalt welke ebooks daarin mogen staan.

ZOEKWOORDEN

Om je boek goed gevonden te laten worden is het van belang de juiste zoektermen te bepalen waarop je gevonden wilt worden.

Het kunnen sets van woorden zijn zoals: marketing research analyst, bench marking, etcetera. Probeer zo specifiek mogelijk te zijn waarbij je algemene termen als (e)book, series en dergelijke vermijdt.

Je hoeft de zoekwoorden die in de titel en ondertitel staan niet nog eens dunnetjes te herhalen. Maar WEL de woorden die in je bookdescription staan.

Door ze in de bookdescription te zetten lijken zoektermen de zichtbaarheid van het boek niet of nauwelijks te vergroten. Daar zijn de meningen over verdeeld. Dit is natuurlijk informatie die Amazon niet aan de grote klok hangt. Pas door ze in de velden van keywords te zetten zijn ze zeker effectief!

TIP *Kindle Samurai* is een programma dat je kunt gebruiken om slim met je keywords om te gaan. Het programma werkt alleen goed op PCs. Heb je een Mac dan kun je denken aan de *KindleSpy* browser plugin. Kijk ook op: *publisherrocket*.

IV
BOEK OMSLAG

BELANG VAN EEN COVER

Misschien nog wel belangrijker dan de titel is de omslag of cover. Tenzij je heel handig bent met Indesign of Adobe of andere software, ga niet zelf rommelen met gratis, rechtenvrije stockfoto's uit beeldbanken. Ontwerpen is een vak. De cover is je mondiale visitekaartje.

Maar het kan zijn dat je alles in eigen hand wilt houden en zelf aan de slag wilt en daarbij op de kosten let.

Er zijn veel beeldbanken waarvan je gebruik kunt maken. Het nadeel van een stockfoto is wel dat een andere auteur in principe diezelfde afbeelding ook zou kunnen gebruiken. Die kans is gelukkig vrij klein.

Binnen de beeldbanken kun je zoeken op thema. Bepaalde afbeeldingen kun je gratis gebruiken waarbij je de fotograaf dient te vermelden, voor andere foto's moet je betalen.

Er zijn overigens veel meer websites met prachtige foto's dan de websites die ik hier vermeld:

- depositphotos
- shutterstock
- istockphoto
- bigstockphoto

Houd rekening met de plaats waar je cover komt te staan. Anders dan een omslag voor een fysiek boek, moet de cover voor een Kindle ebook ook goed leesbaar zijn als het op postzegelformaat tussen al die andere op Amazon staat.

Sommige covers zijn compleet onleesbaar als ze verkleind worden. De titel op de cover moet daarom groot en duidelijk leesbaar zijn. Dit geldt niet voor de ondertitel. Die kun je er klein(er) opzetten.

Denk eraan dat de achtergrond van een Amazon productpage wit is. Tegen die achtergrond is een witte cover niet handig. Omkader daarom een witte cover of - beter - kies een andere kleur.

Het belangrijkste is dat de cover laat zien waar de inhoud over gaat en verleidt tot aankoop. Mensen besluiten in een oogwenk of ze jouw boek wel of niet aanschaffen.

Je kunt twee kanten op. Je kunt een foto van tekst voorzien, of voor een typografisch ontwerp gaan. Ook cover design is aan mode onderhevig, dus kijk naar de nieuwst uitgegeven titels van de grote uitgeverijen om te zien wat trendy is.

Zo was de afgelopen jaren het calligrafisch script in de mode, oftewel de handgeschreven letters. En bedenk van tevoren voor welk publiek je hebt geschreven. Amerikanen hebben een andere smaak dan wij Nederlanders of Belgen.

KLEUREN

Ook al zijn ze dan misschien prachtig, laat subtiele pasteltinten links liggen omdat deze te weinig de aandacht trekken als kleur voor een cover. Omdat jouw ebook en paperback straks in postzegel formaat naast vele andere worden afgebeeld op de Amazon websites, moet je ervoor zorgen dat jouw cover eruit springt. Een vaak gehoord advies is om niet meer dan een paar kleuren te gebruiken, anders wordt het snel onrustig. Houd het simpel, maar zorg dat de titel er wel goed en duidelijk uitspringt.

TIP Kijk naar de covers van vergelijkbare boeken in jouw genre, en probeer net iets afwijkende kleuren te gebruiken. Wees een tikje anders dan de rest zodat je opvalt. Maar wijk ook weer niet teveel af.

TIP Probeer qua design in de buurt te zitten van de bestselling titels in jouw genre. Dat wekt op voorhand al vertrouwen.

TIP Mocht je een foto of afbeelding gevonden hebben die onvoldoende resolutie heeft, gebruik dan deze tool om het juiste aantal dpi's te krijgen. Streef naar 300 dpi voor een cover.

http://convert.town/image-dpi

Het werkt heel simpel. Je sleept de afbeelding ernaartoe en krijgt dan automatisch een afbeelding met het door jou gewenste aantal dpi (dots per inch).

ONTWERP

Voor je ebook heb je alleen een frontcover nodig, geen achterzijde. Voor een paperback gebruik je dezelfde frontcover en laat er vervolgens een rug en achterkant bijmaken.

Je hebt diverse mogelijkheden om aan een ontwerp voor een omslag te komen. Omdat een cover best een kostenpost kan zijn ga ik er niet van uit dat je enkele honderden euro's kunt en wilt neertellen voor een mooi ontwerp. Er zijn relatief goede en veel goedkope mogelijkheden. Ik bespreek achtereenvolgens de gratis, de goedkope en daarna de duurdere opties. Dit lijstje pretendeert niet volledig te zijn, maar geeft je enkele suggesties.

CoverCreator Je kunt kosteloos gebruik maken van Amazon's eigen software CoverCreator, iets wat je zeker een keer kunt proberen. Bij het uploaden van je manuscript op het KDP dashboard kun je CoverCreator downloaden. Je vindt deze functie tijdens het uploaden van de gegevens op je KDP dashboard.

De cover van dit handboek is binnen een paar minuten met CoverCreator gemaakt. Je kunt een eigen foto gebruiken en de kleuren en ook de fonts aanpassen. Je kunt ook gebruikmaken van duizenden stockfoto's die op genre zijn gerangschikt. Als je er daar een van kiest dan wordt er automatisch een template van tekst (titel & auteursnaam velden) overheen geplaatst die je kunt aanpassen.

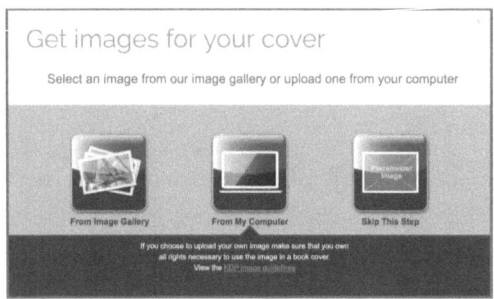

Canva of PicMonkey zijn beide grafische ontwerp tools waarvoor je een gratis account kunt aanmaken. Het zijn echte aanraders. Upload je eigen foto en ga aan de slag met fonts. Ze hebben ieder hun eigen databases met foto's die je kunt gebruiken, sommige gratis, andere betaald. Je kunt je cover precies op maat maken, en hebt allerlei handige tools om er iets moois van te maken: filters, kaders, figuren, rasters, etc. Deze sites bieden ook een betaald account dat handig zou kunnen zijn wanneer je er veel gebruik van maakt en bijvoorbeeld de door jou gemaakte afbeeldingen wilt groeperen of een filter wilt gebruiken die rimpels weghaalt of de achtergrond verwijdert - handig! Wil je dat niet, dan voldoet een gratis account.

Fiverr is een aanrader voor het vinden van cover

designers. Duizenden internationale freelancers bieden hier hun diensten aan voor $6,50 per opdracht - oftewel een 'gig' - ($5 plus $1,50 administratiekosten). Maak een gratis account aan op Fiverr en je kunt beginnen. Kijk vooral naar de beoordelingen van de freelancers.

Je kunt kiezen uit Recommended – High Rating en New. Speel op safe en ga voor de gigs in de sectie High Rating. Kies op basis van het aantal beoordelingen, en natuurlijk of hun ontwerpen je aanspreken.

Het kan even duren, maar langer dan een week heb ik nog nooit op een boekomslag hoeven wachten. Afhankelijk van de wachtlijst door reeds geplaatste orders bij de freelancer duurt het twee à vijf dagen. Veel designers hebben een extra snelle service (je betaalt dan een of twee extra gigs) waardoor je bestelling vaak binnen 24 uur klaar is.

Je kunt precies aangeven wat je zoekt, of je een bepaald type design in gedachten hebt en natuurlijk wat voor tekst er op de cover moet. In het allerergste geval vind je het resultaat teleurstellend. Vraag dan om een aanpassing.

Sommige freelancers (maar zeker niet alle) zijn bereid aanpassingen te doen tot je 100% tevreden bent. Is het nog steeds niet naar je zin, dan ben je $6, 50 kwijt, maar mogelijk wel een idee rijker. Misschien kun je geen topkwaliteit verwachten voor die prijs, en besef ook dat je de freelancer wat moet begeleiden. Maar met wat geduld kom je een heel eind.

Adobe Photoshop / InDesign Dit is professionele graphic design software. InDesign wordt veel gebruikt door ontwerpers en DTP-ers, en is duur in aanschaf.

99Designs Dan zijn er nog 99designs.com en natuurlijk de professionele ontwerpers. Veel auteurs maken gebruik van 99designs waarbij je €269 betaalt en een prijsvraag uitschrijft voor ontwerpers (of mensen die zichzelf als zodanig beschouwen). Op basis van jouw beschrijving en wensen krijg je veel ontwerpen waaruit jij de beste kunt kiezen. Je zou de covers van de verliezers kunnen gebruiken als materiaal voor de sociale media.

Traditionele uitgeverijen spenderen vaak meer dan €500 of zelfs €2,500 aan een ontwerp en zeggen dat dit de investering meer dan waard is.

Een van mijn eerste bestsellers, Outcry - Holocaust Memoirs, heeft de nummer 1 positie in diverse genres meerdere malen bereikt met een cover van een paar dollar, gemaakt door een freelancer bij Fiverr. Voor de buitenlandse versies van dit boek heb ik steeds andere kleurenrasters laten gebruiken. Dit boek heeft sinds publicatie een kleine $100,000 aan royalty's opgebracht.

FORMAAT

Mocht je het produceren van de cover willen uitbesteden, dan is het goed om te weten wat de vereisten zijn, zodat je die kunt doorgeven aan je ontwerper. Overigens ritselt het op Fiverr van de Kindle cover designers, dus die kennen de eisen.

Voor het maken van een paperback cover zijn er weer andere designers. Vaak zijn deze nog te vinden op Fiverr onder de oude naam van Amazon's paperback tool, namelijk CreateSpace.

Je kunt de paperback omslag pas laten maken zodra je het aantal pagina's van jouw boek weet. Een barcode hoef je er niet op te laten plaatsen. Mocht je dat toch willen dan biedt Pumbo een gratis barcode generator aan:

pumbo.nl/boek-uitgeven/barcode-generator#ean-isbn-generator

Bij Amazon dient de cover voor een ebook aan de volgende voorwaarden te voldoen:

- jpeg of tif(f) file

- tenminste 1000 pixels aan de langste zijde
- ideale hoogte / breedte ratio is 1.6 (bijvoorbeeld 1000 x 1600 pixels).
- het beste is te kiezen voor een 300 dpi cover, zodat je vervolgens van de Kindle cover probleemloos een paperback cover kunt laten maken. Voor een Kindle ebook is 300 dpi niet noodzakelijk. Wel voor een paperback cover.

Op de achterzijde van de cover voor een paperback ben je vrij om te doen en laten wat je wilt. Amazon zet er zelf een barcode op (als je aangeeft dat jouw cover geen barcode bevat) waardoor je rechtsonder een ruimte vrij moet laten.

Je kunt kiezen voor al dan geen tekst, wat aanbevelingen (werkt vaak goed), dezelfde boekbeschrijving als die je op Amazon plaatst, en al dan geen auteursfoto met korte biografie. Er zijn geen vaste regels voor.

V

VAN MANUSCRIPT
NAAR BOEK

VAN MANUSCRIPT NAAR EBOOK

De tekst in Word die je op je computer hebt staan kun je niet zonder meer uploaden naar Amazon. Officieel kan het, maar dat levert geen prettig leesbaar ebook op. Daar moet eerst het een en ander mee gebeuren. Over dat proces van formatteren en vervolgens converteren naar het juiste digitale formaat gaat dit hoofdstuk.

Je hebt twee mogelijkheden: zelf doen of uitbesteden.

Als je manuscript nu veel opmaak behoeft en ingewikkeld is met allerlei afbeeldingen, bullets, grafieken en dergelijke, dan kun je uitbesteden. Er bestaat veel software, gratis of betalend, om zelf digitale bestanden te maken, zoals Sigil (gratis), Calibre, Pages (op Mac), Vellum (op Mac), Scrivener, of Adobe Indesign (eenmalig duur in de aanschaf). Amazon zelf biedt ook een gratis tool voor Mac of PC.

https://kdp.amazon.com/en_US/help/topic/GUGQ4WDZ92F733GC

Voor je je Kindle dashboard opent om je boekbestanden

online te zetten, raad ik je aan om de gegevens als titel, ondertitel, een korte, pakkende beschrijving van je ebook in een apart documentje te zetten zodat het uploaden foutloos en efficiënt gaat.

VAN MANUSCRIPT NAAR PAPERBACK

Je kunt via je KDP dashboard een ebook en een paperback verkopen. Je paperback wordt pas geprint wanneer iemand er een aankoopt: het print-on-demand systeem.

Print-on-demand is het zogenaamde voorraadloze uitgeven. Het grote voordeel van print-on-demand (P.O.D.) boeken is dat hiervoor weinig tot geen investering nodig is.

Een ebook in combinatie met een fysiek P.O.D. boek loopt beter dan een ebook alleen. Een paperback versie is altijd duurder omdat de productiekosten hoger zijn waardoor de prijs van het ebook weer relatief aantrekkelijk lijkt. Dat maakt een ebook aantrekkelijk, maar aan de andere kant lezen sommige mensen liever een gedrukte versie.

Een combinatie van een ebook, een audioversie, met een P.O.D. paperback is ideaal, omdat deze elkaar versterken en elk medium een ander segment van de markt bedient.

Op je paperbacks kun je tot 60% royalty's verdienen.

https://kdp.amazon.com/en_US/help/topic/G201834230

Amazon heeft een app voor PC gebruikers en dat ziet er goed uit. Je kunt hiermee zowel een ebook als een paperback bestand produceren. Ben je een PC gebruiker dan zou ik dit programma aanraden.

https://kdp.amazon.com/en_US/help/topic/G202140110

Met Amazon is het helaas nog niet mogelijk een hardcover editie van je boek te laten printen. Dit is wel mogelijk met Ingrams bijvoorbeeld.

Paperback formatting diensten

Als je het niet zelf wilt doen - ondanks de pre-formatted templates die Amazon aanbiedt is het best ingewikkeld - dan zijn er allerlei diensten waarvan je gebruik kunt maken. Ik geef een selectie van de mogelijkheden waarbij ik zelf Reedsy als alternatief de beste vind.

- Reedsy
- Draft2Digital
- LuLu
- Bookbaby
- Blurb (handig voor foto boeken)

Mocht je speciale wensen hebben dan kun je je Word file mailen voor een offerte naar:

info@amsterdampublishers.com.

Soms hebben wij tijd voor ebook of paperback conversie.

VI

KDP DASHBOARD

HET KDP DASHBOARD

Om te kunnen publiceren op Amazon heb je een Kindle Direct Publishing account nodig:

kdp.amazon.com

of

kdp.amazon.com/self-publishing

Rechtsboven zie je een gele registratieknop. Heb je al een Amazon account dan mag je hetzelfde emailadres en wachtwoord gebruiken. Heb je nog geen Amazon account dan voer je een nieuw emailadres en wachtwoord in.

Je kunt schakelen tussen de talen rechtsboven in het dropdown menu op je KDP dashboard.

Publiceer gratis e-books en paperbacks in eigen beheer met Kindle Direct Publishing en bereik miljoenen lezers op Amazon.

Breng je boek snel op de markt. Je kunt je boek in minder dan vijf minuten publiceren en het is binnen 24-48 uur beschikbaar in Kindle Stores over de hele wereld.

Verdien meer geld. Verdien 70% royalty's op klanten in de V.S., Canada, het Verenigd Koninkrijk, Duitsland, India, Frankrijk, Italië, Spanje, Japan, Brazilië, Mexico, Australië en andere landen. Schrijf je in bij KDP Select en verdien meer geld via de Uitleenbibliotheek voor Kindle-bezitters.

Houd alles in eigen hand. Houd je rechten in eigen hand en bepaal je eigen prijzen. Breng op elk gewenst moment wijzigingen aan in je boeken.

Publiceer in digitale en gedrukte vorm. Publiceer gratis Kindle e-books en paperbacks op KDP.

Ga vandaag aan de slag! Publiceer gratis in eigen beheer met KDP. Ontdek hoe gemakkelijk het is.

Nadat je je persoonlijke- en je bankgegevens hebt ingevuld volgt een online belastingvragenlijst. Het komt erop neer dat je op basis van een belastingverdrag tussen Nederland of België en de VS de automatisch ingehouden belasting naar 0% kunt krijgen als je aantoont dat je ingezetene bent van Nederland of België en belastingplichtig bent in een van deze twee landen.

Iedere auteur heeft de beschikking over zijn eigen intuïtieve KDP dashboard voor ebook en paperback. Daarop kun je alles bijhouden: je titels, de aantallen downloads, je advertenties en je verdiensten.

Het leukste is natuurlijk dat je kunt zien hoeveel downloads je hebt gehad, en waar je kopers vandaan komen. Niet WIE ze zijn. Dat weet alleen Amazon. Er zit enige vertraging tussen een download of sale en de registratie op je dashboard.

Het dashboard is onderverdeeld in, van links naar rechts:

- **Bookshelf** (waar je je manuscripten, cover, bookdescription etc. uploadt)

- **Reports** (van sales en borrows)
- **Community** (forum voor vragen van gebruikers)
- **KDP Select** (informatie over het programma)

Het dashboard is veel uitgebreider dan de dashboards bij andere uitgeefplatforms, en er wordt voortdurend aan gesleuteld om het nog gebruikersvriendelijker te maken.

Reports

Het checken van je sales doe je onder **Reports**, en dan onder:

Sales Dashboard. Hier kun je het aantal downloads per Amazon marketplace, tijdsperiode, per titel, auteur en ook per versie (ebook of paperback) bekijken. Een handige grafiek toont bovendien jouw verkochte, geleende en gratis exemplaren. NB. Lezers hebben het recht om een eenmaal gedownload exemplaar terug te geven als het niet aan de verwachtingen voldoet.

Het bovenste grafiekje laat het aantal verkochte units zien, en het onderste de page-reads. Het systeem houdt namelijk ook bij hoeveel er gelezen wordt!

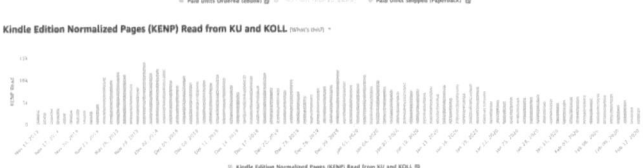

Als er wel gedownload is, maar je ziet geen page-reads, dan is er wat raars aan de hand. Dit komt voor als een ebook gratis is aangeboden. Het ebook is dan alleen gedownload omdat het gratis was. Er wordt vervolgens nauwelijks gelezen. Het kan natuurlijk zijn dat men het heeft gedownload en bewaart voor een vakantie later in het jaar.

Historical. Hier kun je in een oogopslag zien hoeveel je boek heeft opgeleverd sinds het live is.

Month-to-date Unit Sales. Je ziet onder dit kopje het aantal downloads, geleende en geretourneerde exemplaren per titel, per continent of land.

Payments. Alle gedane betalingen. Je kunt uitsplitsen per marketplace, periode en status van betaling. Mocht een betaling niet hebben plaatsgevonden vanwege een verkeerd bankrekeningnummer, dan zie je 'failed' onder de payment status. De tab payments is handig voor als je wilt weten hoe groot je omzet per maand is voor bijvoorbeeld de marketplace van amazon.fr.

Vooral in het begin is het verstandig te checken hoe het staat met je Tax Withholding status (deze zou op 0 moeten staan) en je Net Earnings.

Aan het eind van het jaar kun je een mooi Excel staatje uitdraaien van je verdiensten met oog op de aangifte inkomstenbelasting. Dit is zogenaamd wereldinkomen. Met BTW aangiftes heb je niets te maken.

Pre-orders. Voordat je een ebook lanceert, kun je deze in de voorverkoop zetten ('pre-order'). Klanten kunnen je ebook dan al wel aankopen, maar kunnen pas lezen op de dag van de lancering. De in de pre-order fase verkochte aantallen ebooks zie je hier. Paperbacks kunnen tot nu toe niet in de voorverkoop gezet worden.

Prior Months' Royalties. Je verdiensten van de afgelopen maanden. Op de 15de van de maand kun je de sheet van de voorafgaande maand zien. In principe hoef je die niet te bewaren omdat je elke maand een mail krijgt met daarin het bedrag dat overgemaakt wordt.

Promotions. De voortgang van je Kindle Countdown Deals per titel, per periode en per Amazon marketplace.

Ad Campaigns. Gegevens over je Amazon advertentie campagnes.

Community

Op het forum kun je vragen kwijt over alles wat KDP betreft en in contact komen met andere auteurs, niet alleen Engelstalig, maar ook in het Nederlands, Japans, Italiaans, Spaans, Portugees en Duits. Ook kun je hier je gratis promo vermelden. Wat vragen betreft is het veel handiger en sneller om op de **Contact Us** knop te klikken en de vraag direct aan de Amazon helpdesk te stellen.

KDP Select

Als je onder het kopje **KDP Select** helemaal naar beneden scrolt en klikt naast de FAQs knop, dan kom je op een scherm met alle helppagina's. Dat is de belangrijkste pagina omdat je hier alle informatie vindt die je nodig hebt. Ook hier vind je de **Contact Us** knop.

Met name onder het kopje *Publishing Process* staan allerlei handige tools. Zo kun je daar gratis software downloaden om je Kindle ebook te kunnen lezen: de Previewer. Maar ook de Kindle Textbook Creator, een tool om PDFs met veel grafieken, audio en video mee te converteren naar mobi file.

Voor degene die graag een stripboek wil maken zijn er twee software pakketten gratis beschikbaar:

- Kindle Kids' Book Creator
- Kindle Comic Creator

UPLOADEN VAN JE EBOOK

En dan nu het leuke gedeelte. Je bent zover, je hebt je manuscript op de juiste wijze geformatteerd en een Amazon Account aangemaakt. Het moment is gekomen om je manuscript te uploaden. Ga naar je **Bookshelf** op je KDP dashboard, en klik op 'Create New Title' – Kindle ebook.

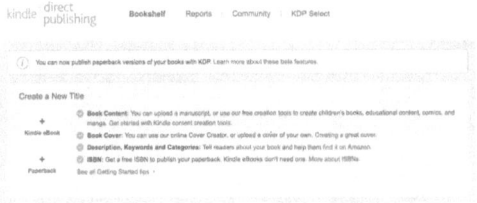

Per format (ebook zowel als paperback) moet je drie pagina's met informatie invullen. Begin met het ebook.

De eerste pagina betreft Kindle ebook details, daarna Kindle ebook Content, en tot slot de Kindle ebook Pricing. Je moet eerst de pagina met gegevens over je ebook invullen en opslaan voor je naar de volgende twee pagina's kunt. Zodra je de eerste pagina hebt ingevuld verandert de status naar 'Complete'.

Language Kies in het dropdown menu de taal van je manuscript.

Booktitle Vul de titel van je ebook in zoals deze op de cover staat, met daaronder in het aparte vak de eventuele subtitel. Er staat bij 'optioneel', maar maak gebruik van deze mogelijkheid omdat je in de subtitel, als besproken, veel keywords kwijt kunt.

Series Vink 'Serie' aan als je ebook onderdeel van een serie is, en vul de naam van de serie in en vervolgens het deel.

Edition number In het schermpje van KDP met uitleg staat: 'Voer het getal 1 in als je dit boek voor het eerst publiceert', maar dit is optioneel. Als je in een later stadium dusdanige aanpassingen aan je ebook doet dat er een groot verschil is tussen de eerste en de tweede versie, dan kun je bij de tweede versie '2' invullen.

Author De voor- en achternaam van de auteur.

Contributors Hier kun je de mede-auteur(s), editor(s), vertaler(s) of illustrator in zetten. Kies de juiste functie uit het drop-down menu.

Description Om je boekbeschrijving aantrekkelijk te

maken mag je beperkt HTML codes gebruiken. Amazon geeft precies aan wat wel en niet is geoorloofd.

Voor de headline kun je bijvoorbeeld een header gebruiken:

<h2>titel</h2>

voor je ebook titel italics:

ebook titel

en vetgedrukt om een woord wat extra aandacht te geven:

aandacht.

Je kunt deze simpele HTML codes in je beschrijving zetten. Je kunt ook gebruikmaken van software van de *Author Marketing Club* die mooie bookdescriptions met bullets kan maken in een handomdraai.

Een goed alternatief voor een mooie bookdescription in HTML is: Ablurb.

Publishing Rights Vink aan: 'I own the copyright and I hold the necessary publishing rights'.

Alleen als je andermans manuscript van het internet hebt geplukt en probeert dit op eigen naam te krijgen dan kun je dit aangeven met 'This is a public domain work'. Achtergrond: tot voor enkele jaren geleden werden veel boeken op het internet niet geclaimd door auteurs of nazaten van auteurs of uitgevers. Boeken waarvan de rechten waren vervallen kon je veel vinden op guttenberg.org.

Keywords Vul hier zeven door komma's gescheiden keywords in. Dat staat er, maar je weet inmiddels dat je ruimte hebt voor meer zoekwoorden. Gebruik de zeven velden maximaal en probeer zoveel mogelijk keywords, gescheiden door een komma in een veld te krijgen. Heb je sets van woorden, zet ze dan tussen dubbele aanhalingstekens: "Holocaust memoirs" "survivor story" "Auschwitz camp". Herhaal niet de woorden uit je titel. Dat heeft geen zin.

Categories Je kunt, zoals je inmiddels weet, in totaal tien categorieën kiezen voor je ebook, maar dit kun je niet bij het uploaden al meteen doen.

Als je overigens fout kiest, of je vindt een nieuwe categorie, dan kun je dat later altijd bijstellen.

Kies verschillende categorieën, zodat je er zoveel mogelijk zou kunnen domineren. We hebben al gezien dat Amazon de door jou gekozen categorie kan wijzigen.

Age and Grade Range Als het een kinderboek betreft kun je de leeftijdscategorie en het leerjaar op school bepalen.

Publishing Option Geef aan of je gebruik maakt van Amazons Pre Order. Als je dat wilt, dan vink je aan:

'Make my book available for pre-order.'

Als je direct wilt publiceren, dan kies je voor:

'I am ready to release my book now.'

Pre-Order biedt de mogelijkheid om belangstelling en buzz te creëren voordat je ebook daadwerkelijk gepubliceerd is. Je kunt tot 90 dagen van tevoren je ebook beginnen te promoten.

Klik op SAVE om naar de pagina over Kindle ebook Content te kunnen gaan. Je kunt overigens altijd terug naar de eerste pagina door op de balk Kindle ebook Details te klikken.

Manuscript Je moet kiezen tussen het aan- of uitzetten van Digital Rights Management. De meeste trainers die ik over het onderwerp van beveiliging heb gehoord, raden aan: 'Do not enable Digital Rights Management' (DRM is een kopieer beveiligingstechniek.) Dit heeft als nadeel dat je ebook gemakkelijker gekopieerd kan worden. Aan de andere kant is het lezersgemak groter. Ik zet DRM nooit aan.

Amazon heeft er een uitleg bij staan "How is my Kindle ebook affected by DRM?" Lees deze uitleg zodat jij zelf hierover een besluit kunt nemen. Je kunt het later namelijk **niet** aanpassen!

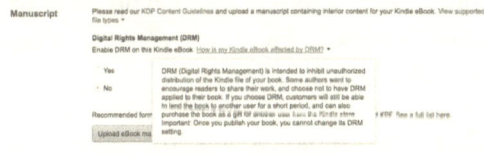

Daarna kun je je ebook file uploaden bij de grote gele knop:

Upload ebook manuscript Afhankelijk van het aantal bytes van je file kan dit enige minuten duren.

Kindle ebook Cover Als je een cover hebt laten maken in JPEG dan kun je deze hier uploaden. Kies dan voor de tweede optie 'Upload a cover you already have'.

Launch Cover Creator Mocht je nog niet over een cover beschikken, gebruik dan deze mogelijkheid.

Kindle ebook Previewer Bekijk vervolgens je ebook

in de 'Online Previewer'. Zie je een fout dan kun je weer terug naar je originele manuscript, de fouten eruit halen, en opnieuw uploaden. Ook word je gewezen op spelfouten in je tekst.

Je kunt de tekst op je eigen PC of Apple zien of op je Kindle reader.

Kindle ebook ISBN Je hebt geen ISBN nodig bij Kindle ebooks, maar mag er wel een invullen. Elk ebook op Amazon krijgt automatisch een eigen unieke ASIN code toegewezen. Het ISBN wordt niet vermeld op de product pagina, en je mag het ISBN niet gebruiken van je eventuele paperback versie.

Ik raad je aan toch een ISBN bij isbn.nl aan te schaffen voor zowel je ebook als je paperback. Dit staat ten eerste professioneler en ten tweede worden op die manier jouw publicaties direct aan jouw uitgeefnaam gekoppeld in plaats van aan Amazon.

Publisher Als Indie auteur die geen tussenpartij gebruikt ben je automatisch je eigen uitgever. Je mag zelf een naam kiezen voor je 'uitgeverij', en die naam hoef je niet te registreren. Het kan van alles zijn, maar zorg dat je geen bestaande naam kiest. Amazon's KDP is het platform via welke jij kunt publiceren en is niet de uitgever van je ebook.

Klik op **Save en Continue** en ga naar de laatste pagina waar je alles kunt invullen over de prijzen.

Je kunt overigens niet door naar de volgende pagina als je een veld niet hebt ingevuld of je manuscript niet hebt geupload. Dan krijg je de foutmelding: "Please fix the highlighted error(s) to continue."

KDP Select Enrollment Ik adviseer je om hier aan te vinken dat je dat graag wilt. Er staat: "**Maximize My Royalties with KDP Select** (Optional). With KDP Select, you can reach more readers, earn more money, and maximize your sales potential." Daar is geen woord van gelogen. Het exclusieve KDP programma heeft veel voordelen die in het volgende hoofdstuk worden behandeld.

Vink je KDP Select aan, dan betekent het dat je je ebookbestand nergens anders mag uploaden. Dus niet bij Kobo, Smashwords, Barnes & Noble, Apple Ibooks, etc. Ook mag het bestand, of een gedeelte ervan, niet op jouw eigen website staan.

Territories Vink aan: 'Worldwide rights'. Of vink aan: 'Individual Territories' als je alleen in bepaalde landen wilt verkopen.

Royalty and Pricing Onder dit kopje vind je ten eerste **KDP Pricing Support**. Mits er voldoende vergelijkingsmateriaal is dan krijg je een grafiek te zien met de relatie tussen jouw ebook en vergelijkbare publicaties op Amazon. Op basis van die vergelijking ontvang je een prijsadvies.

Vaak hoor je dat je met een prijsverlaging x % meer downloads kunt verwachten. De keuze is aan jou om die raad al dan niet op te volgen. Maar het kan ook voorkomen - alhoewel dat minder vaak is - dat je het advies krijgt je prijs naar boven bij te stellen om meer omzet te genereren. Meer omzet voor jou is immers ook meer omzet voor Amazon.

Select a royalty plan and set your Kindle ebook list prices below

Amazon houdt voor de dienst die ze verlenen een bepaald percentage in. Hoe hoog dat percentage is hangt van een aantal factoren af. Als het ebook in KDP Select staat, dan kun je kiezen uit het ontvangen van 35% of 70% royalty's. Bij een ebook prijs tussen de $2.99 en de $9.99 houdt Amazon slechts 30% in, en krijg jij dus 70%. Daaronder en daarboven is jouw royalty opbrengst behoorlijk veel ongunstiger. Prijs daarom je ebook tussen de $2.99 en de $9.99. Amazon trekt er nog een heel klein bedrag vanaf voor het versturen van de file. Hoe zwaarder het bestand hoe meer dat is.

In Nederland liggen de prijzen voor ebooks veel hoger dan internationaal. Houd daar rekening bij met het prijzen van je ebook.

De opbrengst is mede afhankelijk van de grootte van je file (het aantal bytes van je manuscript) en van het land of continent waar het gedownload wordt. Het is een vrij ingewikkeld verhaal met allerlei uitzonderingen dat hier onmogelijk integraal gereproduceerd kan worden, maar op Amazon wordt dit precies uitgelegd.

De bottomline is: er blijft veel meer over voor jou dan wanneer je bij een reguliere uitgever en via de boekhandel verkoopt. De royalty's worden naar het door jou opgegeven bankrekeningnummer overgemaakt.

De afrekening van elke Amazon marketplace gaat apart. Als je in het Engels publiceert zul je waarschijnlijk merken dat de meeste downloads uit de VS komen, gevolgd door Engeland.

Je kunt kiezen tussen een 35% en 70% royalty percentage. Het komt erop neer dat de hoogte van de royalty's afhankelijk is van de prijs van je ebook, en van het land waar de koper vandaan komt.

Als je je ebook op €0.99 zet, dan krijg je weliswaar slechts 35% royalty's, maar het geeft je de gelegenheid om je publicatie voor weinig geld te laten lezen en reviews te vragen.

Een voordeel van het 35% royalty regime is dat Amazon je geen kosten in rekening brengt voor het versturen van je boek naar de koper. Maar als je nu een bestand hebt geupload met heel veel afbeeldingen dan kan het zijn dat Amazon je je file niet voor €0.99 laat aanbieden.

Bij een prijsstelling tussen de $2.99 en $9.99 krijg je 70% van de royalty's uitgekeerd. Daar boven verval je weer in het 35% regime.

TIP Als je de prijs voor je ebook voor verkoop in de USA op bijvoorbeeld $2.99 zet dan is de aankoopprijs hier in Nederland, vanwege de 21% BTW die nog steeds op ebooks geheven wordt, veel hoger. Sinds 1 januari 2015 zijn de catalogusprijzen voor EU-marktplaatsen inclusief BTW. Houd daar rekening mee als je schrijft met de Nederlandstalige markt in gedachten!

Je Kindle ebook kan - als je ook de 12 andere marketplaces aanvinkt - op dit moment in 245 landen verkrijgbaar zijn. Royalty percentages verschillen per land. Als je kopers uit de volgende landen komen, dan krijg je 70% royalty's: Nederland, België, Frankrijk, Duitsland, Engeland, Italië, Spanje, Japan, India, Zuid-Amerika (Mexico en Brazilië), de Verenigde Staten en Canada.

Er zijn er meer, maar die kun je allemaal op de site

vinden, en ongetwijfeld breidt het aantal zich uit. Downloads uit overige landen brengen maar 35% aan royalty's op.

Na het einde van de maand moet je 60 tot 90 dagen wachten voor Amazon uitbetaalt. Je krijgt een 'Amazon Remittance Advice' mail met informatie over je verdiensten. Wonderlijk genoeg krijg je ook een mail van Amazon marketplaces als je daar niets hebt verkocht.

Matchbook Dit is pas van toepassing als je ook een paperback uitgeeft van dezelfde titel. Dan kunnen de kopers van je paperback je ebook tegen een gereduceerd tarief, of zelfs gratis downloaden. Als je dit wilt dan vink je dat aan, en daarna kun je uit een drop-down menu kiezen hoe je je ebook wilt prijzen, waarbij de prijs altijd ligt tussen gratis en $2.99.

Book Lending Alle ebooks die in het KDP programma zitten kunnen automatisch uitgeleend worden door een koper van jouw ebook op amazon.com aan een ander. Je wordt niet gecompenseerd voor het uitlenen. Als je wilt dat kopers jouw ebook kunnen uitlenen aan vrienden en familie voor maximaal 14 dagen dan vink je aan: 'Allow Kindle book lending'. Deze functie geldt alleen voor amazon.com kopers van je ebook. Gedurende de tijd van het uitlenen kan degene die uitleent zelf niet lezen.

Alle KDP boeken worden standaard ingeschreven voor uitlenen. Je hoeft dus niet ingeschreven te staan voor KDP Select. Voor ebooks met de 35% royalty optie kun je uitlenen uitschakelen door het selectievakje onder Kindle-boek uitlenen uit te schakelen in de sectie Rechten en prijzen bij het uploaden / bewerken van het boek. Je kunt deze optie niet uitschakelen als een boek is opgenomen in het uitleenprogramma van een ander verkoop- of distributiekanaal.

Terms and Conditions Als je onderaan op Publish Your Kindle ebook klikt dan ga je akkoord met de voorwaarden. Het kost maximaal 72 uur voor je ebook online staat, maar in de praktijk duurt het meestal veel korter.

Nu je je ebook hebt geupload kun je min of meer hetzelfde proces door voor het uploaden van je printable PDF voor je paperback. Als het goed is hoef je veel velden niet nogmaals in te vullen.

UPLOADEN VAN JE PAPERBACK

Als je nu weer teruggaat naar het beginscherm van je dashboard onder bookshelf, dan zie je een nieuw veld met 'YOUR BOOKS'. Daaronder staat het ebook dat je net hebt geupload.

Nu kun je de bestanden voor je paperback uploaden. Het maakt overigens niet uit of je eerst je paperback doet of eerst je ebook. Klik op **+ Create paperback**.

Het uploaden gaat een stuk makkelijker omdat - als het goed is - Amazon al veel velden heeft ingevuld: Language, Book Title, Series, Edition, Author, Description, Publishing Right.

Keywords Het kan zijn dat je bij Keywords nog het een en ander moet invullen. Deze velden worden niet altijd integraal overgenomen.

Categories Ook de categories kunnen afwijken omdat Kindle ebook categories anders kunnen zijn dan paperback categories.

Onder **Categories** vind je het veldje Large Print. Klik dat alleen aan als je de paperback in lettergrootte 16 hebt geschreven en het boek bedoeld is voor slechtzienden.

In plaats van in te vullen voor welke leeftijdsgroep het boek is, moet je aangeven of het boek Adult Content bevat: "Does this book contain languages, situations or images inappropriate for children under 18 years of age."

Ik moet eerlijk zeggen dat ik dit een moeilijke vind. Wat voor een Nederlander acceptabel is, hoeft dat niet te zijn voor een Amerikaan. Over het algemeen genomen zijn Amerikanen preutser.

Op de volgende pagina van je KDP account gaat het om de Paperback Details.

Print ISBN Vul hier het door jou aangevraagde ISBN in en daaronder je eigen uitgeefnaam.

Het invoeren van een eigen ISBN heeft overigens wel als gevolg dat je bepaalde wegen voor jezelf afsnijdt. Je mag dan namelijk geen gebruik meer maken van de zogenaamde 'Expanded Distribution. Alleen ISBNs die door Amazon zijn aangemaakt komen daarvoor in aanmerking en daarmee samenhangend ben je verplicht een standaard US boekformaat te gebruiken. Wat houdt Expanded Distribution in? Omdat deze keuze verstrekkende gevolgen heeft voor de beschikbaarheid van jouw boek op de wereldmarkt geef ik hier een link naar het volledige verhaal:

https://kdp.amazon.com/en_US/help/

topic/GQTT4W3T5AYK7L45

Kortgezegd komt het erop neer dat Amazon je boek beschikbaar maakt voor online retailers, bookstores en distributeurs. Nu is het zo dat Amazon niet zo geliefd is bij boekwinkels, dus van aankopen door boekwinkels hoef je niet veel te verwachten. Het zal heus wel eens gebeuren, maar boekwinkels doen het met de grootst mogelijke tegenzin.

Publication Date Als je hier niets invult dan houdt Amazon de datum aan waarop het boek live gaat. Dat is het meest voor de hand liggende.

Print Options Dit is een belangrijk onderdeel. Hier kun je de keuze maken tussen wit of beige papier, een matte of glanzende cover, de maat van je boek, en een zwart of kleuren interieur en 'no bleed' of 'with bleed'.

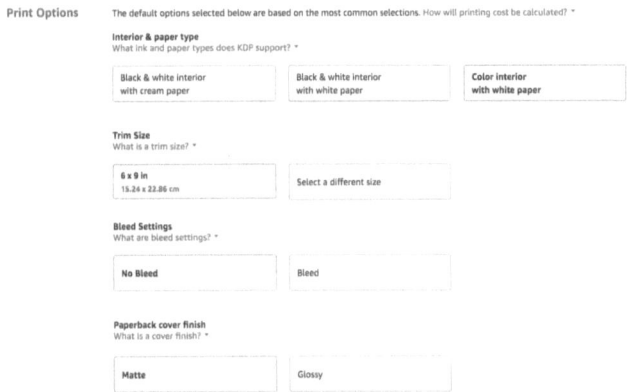

Formaten Je hebt je paperback bestand al op een bepaald formaat laten maken of hebt dat zelf gedaan. Het is het meest praktisch om daarbij Amerikaanse standaardmaten aan te houden zoals bijvoorbeeld 6 x 9

inch, net wat groter dan ons reguliere paperback formaat. Omdat het allemaal print-on-demand boeken zijn die individueel worden geprint houden ze niet van aparte maten.

Interieur Ik vind een zwart-wit interieur op wit papier het fijnst lezen voor een tekst met afbeeldingen vanwege het contrast tussen de zwarte letters en het wit van het papier. Kies voor een roman het beige papier.

Mocht je afbeeldingen in je boek hebben waarvan het belangrijk is dat die in kleur worden afgedrukt, pas dan op! Je kunt namelijk niet aangeven om een paar pagina's in kleur te laten afdrukken zoals je bij Nederlandse printers wel kunt aangeven. Het is ofwel helemaal kleur ofwel helemaal zwart-wit. De printkosten zijn heel hoog wanneer je een kleuren interieur wilt hebben. Aangezien Amazon op basis van de printkosten bepaalt boven welk bedrag jij je boek moet prijzen kan het boek daardoor wel eens veel te duur worden voor de koper. De prijzen worden in het upload proces aan je getoond. Jij kunt vervolgens je keuze aanpassen van kleur terug naar zwart-wit bijvoorbeeld.

Mat / glanzend Als je een boek hebt die je in consignatie zou geven aan boekhandels dan is een glanzende kaft praktischer omdat je daar minder goed vette vingers op ziet. Een matte kaft is wat dat betreft kwetsbaarder.

No bleed / with bleed Dit is relevant als je een boek hebt met afbeeldingen. Ik laat het staan zoals Amazon het mij voorschotelt, te weten 'no bleed' en dat komt altijd goed. Immers checken zij het interieur altijd nog een keer.

Manuscript Upload hier je printable PDF, zonder snijlijnen. Er staat bij de uitleg dat je ook andere bestanden kunt invoeren, zoals bijvoorbeeld een Word document of een HTML of RTF file. Ik heb dit nooit gedaan, dus kan je niet zeggen of dat er enigszins acceptabel uitziet. Ik zou het er eerlijk gezegd niet op wagen, want het is van belang dat de leeservaring optimaal is. Het kan een paar minuten duren voordat je bestand is verwerkt. Zodra dat het geval is kun je het bestand checken.

Book Cover Net als eerder het geval was bij je ebook heb je hier de keuze om Cover Creator te gebruiken, of een cover van jezelf te uploaden. Doe je dat laatste, dan heeft die cover wel of geen barcode. Heeft de PDF nog geen barcode, dan plaatst Amazon die er zelf op.

Is je PDF al wel voorzien van een barcode, tik dan de tweede optie aan met "Check this box if the cover you're uploading includes a barcode. If you don't check the box, we'll add a barcode for you."

Men plaatst de barcode altijd rechtsonder op de achterflap. Zoals eerder gezegd bestaat je cover uit een enkele PDF met van links naar rechts: de achterflap, de rug op de juiste dikte, en de frontcover. Net als de cover, moet ook de barcode 300 dpi zijn. Afmetingen van de barcode: 2" (50.8 mm) breed en 1.2" (30.5 mm) hoog. Mocht de barcode om de een of andere reden niet voldoen aan de Amazon eisen, dan probeert Amazon de barcode te overschrijven.

TIP Op Pumbo kun je een barcode gratis laten aanmaken met een barcode generator.

Launch Previewer Bekijk hier het bestand. Je zult je

boek precies zo zien zoals hij er in geprinte vorm uit zal zien.

Loop het bestand pagina voor pagina door. Signaleer je fouten, geef dan aan dat je een ander bestand gaat uploaden. Is alles naar wens, dan ga je door naar het volgende veld via **Approve**.

Summary Helemaal onder aan deze tweede pagina van je KDP dashboard zie je een samenvatting van de opties die je hebt geselecteerd wat betreft het interieur, de afwerking van je cover, de afmetingen en het aantal pagina's. Dat laatste heeft Amazon afgeleid uit het bestand.

Your Printing Cost En rechts daarvan zie je de drukkosten die Amazon jou in rekening brengt. Je moet je netto sales price boven de druk kosten stellen om winst te maken.

Save and Continue

En dan nu de prijsstelling van je print-on-demand paperback.

Paperbacks Rights & Pricing

Deze pagina ziet er soortgelijk uit als de pagina voor ebooks, met de kopjes **Territories**, **Pricing & Royalty**, en de **Terms & Conditions**.

Volgens Amazon kan het tot 72 uur duren voor het boek online staat. Deze tijd varieert. Kijk op je Amazon account op je bookshelf. Je boek zal 'In Review' zijn terwijl het door het systeem wordt geaccepteerd, en wijzigt naar 'Published' zodra het te verkrijgen is.

AMAZON EN BELASTING

Hoe regel je je boekopbrengsten? Hoe zit het met inkomstenbelasting en omzetbelasting? Dit is een aspect van het publiceren op een internationaal platform als Amazon dat vaak vragen oproept. Je doet namelijk zaken met een Amerikaans bedrijf. Als je geen actie onderneemt dan houdt Amazon spontaan 30% van je inkomsten achter.

Waarom? De United States Internal Revenue Service eist van elk Amerikaans bedrijf dat alle niet-ingezetenen van de VS waarmee dat Amerikaanse bedrijf zaken doet, verklaren waar zij belastingplichtig zijn.

Men wil ervan verzekerd zijn dat er ergens belasting wordt betaald op de royalty's, en houden daarom in. Pas wanneer je aantoont dat je belastingplichtig bent in een ander land, dan wordt de inhouding van 30% naar 0% gezet.

Als je je KDP account opzet kost het maximaal een half uurtje invulwerk. Je moet je gegevens invullen op een online-vragenlijst voor de belasting die je automatisch tegenkomt in het proces. Vul je deze vragenlijst niet in, dan kun je niet op Amazon publiceren. In de jaren erna wordt af en toe wordt gevraagd of je omstandigheden nog dezelfde zijn. Zo niet, dan moet je dezelfde lijst even nalopen.

Belastingvragenlijst

Amazon eist dat alle auteurs via de online-belastingvragenlijst geldige belastinggegevens opgeven om te voldoen aan de Amerikaanse regelgeving voor belastingaangifte.

Niet-Amerikaanse auteurs die aanspraak willen maken op voordelen uit het belastingverdrag, dienen hun fiscaal identificatienummer (TIN) op te geven. Heb je geen Amerikaans fiscaal identificatienummer (TIN), dan voer je het buitenlandse (niet-Amerikaanse) fiscaal identificatienummer voor de inkomstenbelasting in dat je van de Nederlandse belastingdienst hebt gekregen.

Dat wil zeggen: Nederlanders kunnen volstaan met hun eigen burgerservicenummer (BSN) of sofinummer, en Belgen met hun rijksregisternummer.

Het verwarrende is dat je als individu wordt beschouwd als je een eigen onderneming hebt. Als je geen particulier zou zijn, heeft je Amerikaanse fiscaal identificatienummer (TIN) de vorm van een EIN (Employer Identification Number).

Jouw Nederlandse of Belgische fiscaal identificatienummer wordt overigens niet gebruikt om te bepalen of je inkomen effectief is gekoppeld aan een Amerikaanse onderneming of een Amerikaans bedrijf.

De online belastingvragenlijst is een stapsgewijs proces

om je belastingidentificatie te verkrijgen, en door het in te vullen wordt er een W-8BEN formulier voor niet-Amerikaanse auteurs gegenereerd.

[W-8BEN formulier]

Je dient de belastingvragenlijst in te vullen en de IRS (Internal Revenu Service, Amerikaanse belastingdienst) moet deze bevestigen voordat je kunt publiceren en verkopen. Dat duurt hooguit 24 uur, mits je elektronisch hebt getekend. Als je hebt aangeklikt dat je liever het W-

8BEN formulier per post opstuurt, dan kan het 6 weken duren.

Income Tax Treaty

Gelukkig heeft Nederland een verdrag, een zogenaamde 'Income Tax Treaty' met de Verenigde Staten, dus je kunt zorgen dat het percentage van inhoudingen op 0 komt te staan. Na het invullen krijg je de melding - na 24 uur - dat je tax withholding rate 0% is.

Rond 15 maart van elk jaar krijg je een belastingformulier uit de VS toegestuurd waarop staat hoeveel je hebt verdiend. Hierover moet je inkomstenbelasting betalen.

Vul de naam in die aan jouw BSN is gekoppeld. Dat zal jouw officiële naam zijn. Ditzelfde geldt voor jouw adres.

Na afloop van de belastingvragenlijst krijg je geen gelegenheid om het W-8BEN formulier dat automatisch door het systeem wordt gegenereerd, te printen. Maak daarom een screenshot zodra jouw ingevulde W-8 formulier op je scherm staat en voeg die bij je jaaropgave. Je betaalt immers inkomstenbelasting over alle royalty's.

Het hangt van jouw belastingstatus af welk soort W-8 formulier door het systeem wordt aangemaakt. Als je een individu bent (lees individu, onderneming of student), dan zal dit vaak een W-8BEN formulier zijn.

Tegenwoordig is dit proces vele malen makkelijker dan het ooit is geweest. Je hebt geen Amerikaans belastingnummer meer nodig, het proces gaat supersnel en je hoeft ook geen nummer voor het belastingakkoord tussen jouw land en de Verenigde Staten meer in te vullen.

VII

KDP SELECT

KDP OF KDP SELECT?

Zoals we al hebben gelezen heb je de keuze tussen het reguliere KDP programma of het KDP Select programma voor je ebook. Let op: dit geldt niet voor je paperback.

KDP Select is een optioneel programma waarmee je een groter publiek bereikt, een grotere kans hebt om hoger in de ranking te komen, en - afhankelijk van onder meer de lengte van je ebook - meer kunt verdienen. Per uit te brengen titel kun je kiezen voor KDP Select of niet.

In het gewone Amazon programma verdien je 35% op de downloads door lezers uit Japan, India, Brazilië en Mexico. In KDP Select verdien je gemiddeld 70% royalty's. Het hangt ervan af of je hier wat aan hebt. Misschien richt je je helemaal niet op Japan, India, Brazilië en Mexico omdat je publicatie in het Duits of Nederlands is, bijvoorbeeld.

Mocht je je ebook direct bij meerdere platforms willen onderbrengen, dan moet je kiezen voor het reguliere traject omdat je daarbij vrij bent te publiceren waar je maar wilt. Plaats je je ebook in KDP Select, dan kun je pas na 3 maanden (of opeenvolgende periodes van 3 maanden) het programma verlaten en je ebook ook elders publiceren.

Als je voor KDP Select kiest, weet dus dat je dan exclusief bij Amazon moet blijven gedurende die 90 dagen. Als je niets doet, dan wordt deze exclusiviteit stilzwijgend voor steeds 3 maanden verlengd.

Alle auteurs die voor KDP Select opteren hebben voordeel uit:

- Free Book Promotion
- Kindle Countdown Deals
- KDP Select Global Fund share
- KOLL

Een nadeel van KDP Select is de exclusiviteit. Daarmee loop je mogelijk inkomsten mis. Amazon checkt regelmatig of je je ebook toevallig nog elders aanbiedt. Bij overtreding van die regel krijg je een stevige mail met een waarschuwing. Laat dan met een screenshot zien dat je je ebook verwijdert of hebt verwijderd.

Je mag overigens wel een vertaalde versie van het ebook elders plaatsen, een paperback elders uitgeven, of je ebook adverteren op je website met een Amazon hyperlink.

Amazon wil dolgraag auteurs in KDP Select betrekken om zoveel mogelijk auteurs aan zich te binden. Je vindt overal op de Amazon site de 'Enroll now' knop.

FREE PROMO

Je acties moeten er allemaal op gericht zijn om snel en hoog in je eigen boekcategorie komen. Dit doe je door handig gebruik te maken van de promotiemiddelen die Amazon je biedt met KDP Select.

Onder het tabje Bookshelf zie je geheel rechts van je boek Promote and Advertise. Als je hierop klikt dan ontvouwt zich een menu.

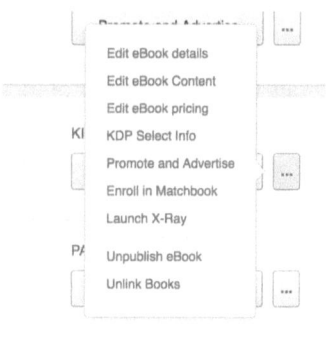

Free promo days (officieel: **Kindle Free Book Promotion**). KDP select biedt elke 90 dagen de mogelijkheid om je ebook 5 dagen gratis te promoten. Maak van deze optie gebruik.

Tijdens die 5 dagen verdien je niets. Inderdaad heb je geen inkomsten uit je ebook tijdens de dagen dat je het op gratis zet.

Lezers die je anders niet bereikt zou hebben zullen je ebook downloaden. Als veel mensen dat nu tegelijkertijd doen, stijgt het ebook in de interne Amazon ranking. Het kan goed zijn dat jouw ebook tijdens een free promo hoog in een categorie komt. Je verdient weliswaar niets, maar deze free promo days helpen je online zichtbaarheid te verbeteren.

Van hoeveel dagen per periode van 3 maanden moet je gebruikmaken? Het effect van de free promo days is helaas niet meer wat het geweest is. Misschien komt het door de enorme competitie op de wereldmarkt. En daarmee samenhangend, mensen worden overspoeld met gratis ebook aanbiedingen. Ze worden er niet meer warm of koud van. Vijf dagen per 90 dagen is veel te veel. Persoonlijk houd ik het tegenwoordig op 1 free promo van 1 dag.

Van belang is dat je na je free promo sales genereert, anders is het effect van de piek binnen 11 dagen helemaal verdwenen. Dus volg de free promo dag (en) op met een advertentie of een sociale media campagne.

KINDLE COUNTDOWN DEALS

Naast de free promo days heeft Amazon ook de zogenaamde **Kindle Countdown Deals**. Voorwaarde om hieraan deel te nemen is dat je ebook in KDP Select moet zitten en je ebook tenminste 30 dagen dezelfde prijs moet hebben gehad.

Je kunt elke 90 dagen of aan de Kindle Free Book Promotion meedoen of aan de Kindle Countdown Deals.

Een heel inventief programma waarbij je je ebook tijdelijk gereduceerd aanbiedt en waarbij er een digitale klok aftelt die de potentiële klant maant tot kopen!

Op de speciale pagina van amazon.com/kindle-countdowndeals staan alle Kindle Countdown Deals bij elkaar.

KDP SELECT GLOBAL FUND

Nog een voordeel van dit KDP Select programma is het **Global Fund** (of het **KDP Select fonds**). Elke maand stelt Amazon een bepaald bedrag ter beschikking dat verdeeld wordt over de KDP Select ebooks. In de maand dat ik dit boek publiceer is het wereldwijde KDP Select fonds $28,2 miljoen.

Daar krijg jij als je ebook wordt **gelezen** een bepaald percentage van. Dat kan alleen als jouw ebook in het KDP Select programma is opgenomen. Hoe meer pagina's worden gelezen, hoe meer je krijgt uitgekeerd. Het komt er dus op neer dat je gecompenseerd wordt voor het uitlenen van jouw ebook per gelezen pagina.

Als iemand een dun ebookje leent, levert dat weinig op. Dat is ook een van de redenen dat auteurs geneigd zijn veel dikkere ebooks te schrijven!

KOLL

En dan is er nog de **Kindle Owners Lending Library.** Als je ebook meedraait in het KDP Select programma, dan is deze beschikbaar voor Amazon Prime members die met een Kindle e-reader lezen. Er zijn bijna 70 miljoen Amazon Prime Members.

Als je ebook in het KDP Select programma zit, kan het onder meer worden gelezen door klanten van Amazon Prime in de VS, het Verenigd Koninkrijk, Duitsland, Frankrijk en Japan via de Uitleenbibliotheek voor Kindle-bezitters (dit is de zogenaamde 'KOLL').

Alle boeken die daarvoor in aanmerking komen, worden aangeduid met een Amazon Prime-badge wanneer klanten op zoek zijn naar boeken op de Amazon website en hun Kindle-apparaten.

Klanten kunnen alle ebooks zo vaak ze maar willen selecteren, maar ze mogen er maar één per maand kiezen. Alleen de eerste keer dat een unieke Prime klant je ebook leest, telt mee voor de royalty uitbetalingen.

Op je dashboard vind je de aantallen page-reads voor Kindle Unlimited en KOLL. Van dit ebook werden per dag tussen de 2600 en ruim 14.000 pagina's gelezen. Opbrengst is op dit ogenblik ongeveer $0,00488 per gelezen pagina.

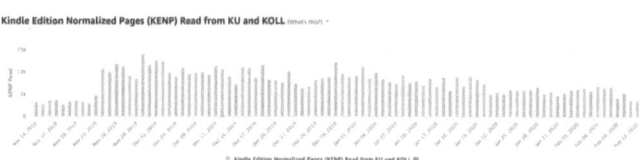

KDP SELECT ALL-STARS

Als je je ebook bij KDP Select hebt lopen, kom je ook in aanmerking voor de KDP Select All-Star-bonus. Amazon kent All-Star bonussen toe aan de ebooks en auteurs die het meest worden gelezen in Kindle Unlimited (KU) en de Uitleenbibliotheek voor Kindle-bezitters (UvK). Ontvangers van All-Star bonussen komen in aanmerking voor een All-Star badge op de gegevenspagina van hun boek.

Iedereen met boeken op KDP Select - dus ook debuterende auteurs - komt hiervoor in aanmerking, maar de kans dat je wint is uitermate klein.

Amazon kent All-Star bonussen toe aan auteurs en boeken die aan klanten de beste leeservaringen bieden en baseren zich daarbij op het aantal pagina's dat is gelezen. Auteurs worden hiervan per email op de hoogte gesteld.

VIII

AUTEURSPAGINA

AMAZON CENTRAL AUTHOR PAGE

Staat je boek online, dan krijg je een mail waarin aangekondigd wordt dat je je Amazon Central Author page kunt aanmaken. Amazon geeft elke auteur een eigen auteurspagina die naar believen ingevuld kan worden.

Ga naar authorcentral.amazon.com, of klik gewoon op de links die je krijgt toegestuurd in de bevestigingsmail.

Een Amazon Central Author Page wordt erg goed gevonden op Google. Over het algemeen verschijnt een dergelijke auteurspagina als allereerste zoekresultaat, soms nog voor je LinkedIn profiel.

Vergeet niet dat je behalve een amazon.com ook een amazon.co.uk, een amazon.de, amazon.co.jp en een amazon.fr auteurspagina ter beschikking hebt. Om de zoveel tijd komen er meer bij. Die Japanse hoef je niet in te vullen.

Laat je biografie vertalen en vul deze gratis profielpagina's met informatie die jij over jezelf en je schrijversactiviteiten kwijt wilt. Het helpt je bij het verkrijgen van meer zichtbaarheid. Hoe meer zichtbaarheid hoe meer sales.

Op authorcentral.amazon.com vind je de Author Page, Books, Sales Info, Customer Reviews en Help.

![Amazon Author Central screenshot]

De belangrijkste pagina is de Author Page zelf waarop je alle informatie over jou als auteur kunt zetten. Op je Amazon Author page kun je behalve je **biografie** ook meerdere **foto's** plaatsen, een link naar je **blogs**, YouTube **video's**.

Via **manage** onder Photos kun je ervoor zorgen dat een bepaalde foto als eerste op je profiel wordt geplaatst en kun je ook geuploade foto's verwijderen.

Plaats onder het kopje **Videos** een booktrailer of een interview. Dat hoeft allemaal niet professioneel te zijn geproduceerd. Een filmpje dat is opgenomen met je iPhone voldoet. Mensen zijn nieuwsgierig naar een auteur en zijn of haar motivatie om te schrijven.

Zit je in een bepaalde niche, dan kan het verstandig zijn om een vaste alias voor jouw naam te claimen bij Amazon. Die URL kun je op al je profielpagina's zetten.

Books

Onder de tab **Books** op je auteursprofiel voeg je boeken toe aan jouw naam. Onder **Are we missing a book**?

ga je naar **Add more books**. Het hoeven niet alleen de boeken te zijn die je net op Amazon hebt gezet, maar ook boeken die je bij andere uitgevers hebt gepubliceerd. Die publicaties moeten daarvoor wel op de Amazon site te vinden zijn. Ook boeken waaraan jij hebt meegewerkt komen in aanmerking. Je moet opgeven in welke hoedanigheid dat was. Amazon checkt of dat het geval is en voegt al dan niet toe.

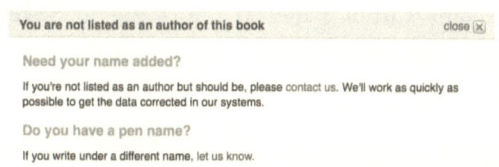

Heb je je boek of ebook (je hoeft maar een van beide te doen) eenmaal aan je auteursprofiel laten linken, en je klikt op de titel dan kun je allerlei zaken toevoegen. Maak hier vooral gebruik van omdat het de zichtbaarheid van je boek ten goede komt.

Onder **Product Description** kun je handmatig de beschrijving aanpassen.

Daarnaast vul je ook de velden **Reviews, From the Author, From the Inside Flap** en **About the Author**.

TIP Mocht iemand die je boek gelezen heeft niet over een Amazon account beschikken en dus geen review kunnen schrijven, dan kun jij die review kwijt onder **Reviews**.

Het komt voor dat Amazon reviews verwijdert. Dat kan bijvoorbeeld gebeuren wanneer auteurs elkaar publicatie reviewen. Als je reviews op je reviewpagina zet, dan staan ze daar 'veilig'..!

En in de overige velden kun je allerlei zaken kwijt over jou als auteur en over het boek. Over het nut van keywords in deze velden is weinig bekend, maar het kan geen kwaad hier rekening mee te houden.

Sales Info

Rechts van Author Page en Books zie je **Sales Info** staan. Het tabje **Sales Info** van je auteurspagina klapt uit naar:

- **NPD BookScan**
- **Sales Rank**
- **Author Rank**

We bekijken ze een voor een.

NPD BookScan

BookScan data > Weekly sales Voor al je boeken te samen zijn hier de verkopen zichtbaar. Het tabje is onderverdeeld in 4 weken, 8 weken, 24 weken en 52 weken. En in het dropdown menu staan alle boeken.

Rechts kun je aanvinken total sales of paperbacks.

BookScan Data > Sales by Geography Als je wilt weten waar jouw kopers vandaan komen, kun je dat hier zien.

Deze overzichten geven echter alleen de sales weer van je sales in de Verenigde Staten. Je kunt zien in welke staten jouw boek het het best doet. Dit is handig voor als je bijvoorbeeld Facebook advertenties wilt gaan gebruiken.

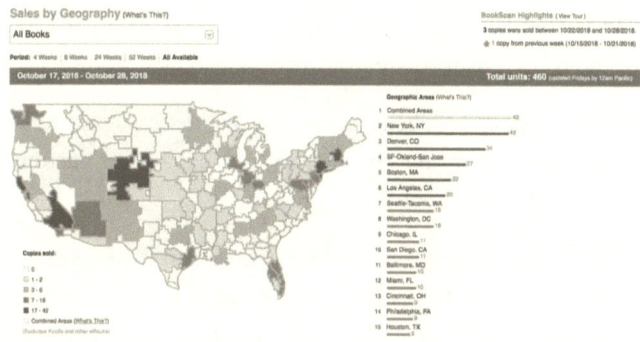

Sales Rank

Rank over time In deze grafiekjes kun je de hele geschiedenis per boek bekijken.

Author Rank

Per genre of categorie zie je hoe je scoort in de Amazon ranking.

Dit is de mooie grafiek van een auteur die haar eerste boek publiceerde in mei 2017. Het was heel even op gang komen, en met advertenties en de juiste categorieën schoot het boek door naar een mooie, hoge rank.

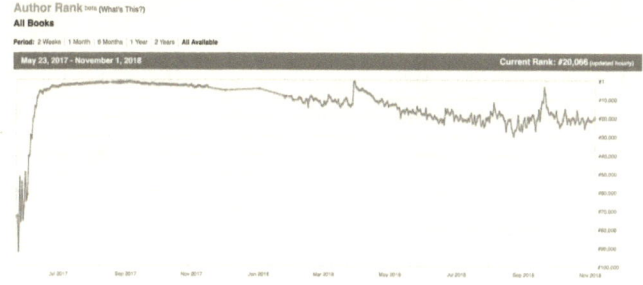

Customer Reviews

Onder het kopje Customer Reviews zie je al je customer reviews bij elkaar die je zelf kunt rangschikken.

Via de Amazon website, maar ook via deze pagina zou je commentaar kunnen leveren op een (negatieve) customer review. Dit wordt echter afgeraden.

Het is een handig overzichtje, vooral als je sorteert op 'Date: newest to oldest', want als je eenmaal veel publicaties op Amazon hebt staan verlies je het overzicht, en op deze manier zie je of er reviews zijn bijgekomen.

Zodra je een positieve review ziet, klik dan op: HELPFUL

Help

Mocht je nog vragen hebben, dan kun je onder dit kopje (helemaal rechtsboven op de pagina, naast je auteursnaam) de gebruikelijke helppagina's vinden. En klik door op **Contact** als je vragen nog onbeantwoord blijven. Binnen 24 uur heb je vaak antwoord.

Een van de dingen waar je de helpdesk bij nodig hebt is als je je ebook en je paperback wilt samenvoegen. Vaak staan ze namelijk als losse entiteiten op de Amazon sales pagina.

Amazon doet dat - mits de bookdescriptions overeenkomen - automatisch binnen een paar dagen, maar soms hapert er wat in het systeem. Je vraagt dan via de helpknop beide formaten te koppelen tot één productdescription.

IX
BOEKPROMOTIE

INTRODUCTIE

In dit hoofdstuk behandelen we de boekpromotie. Zonder boekpromotie geen sales!

Omdat ebook promotie nogal afwijkt van wat we gewend zijn als we over boekpromotie spreken, besteden we daar relatief meer aandacht aan. Ook zal de aandacht strek liggen op de promotie van een Engels boek.

Het succes van je publicaties is grotendeels afhankelijk van de marketing. Concentreer je daarom op de boekpromotie en zorg voor zoveel mogelijk zichtbaarheid online.

In de Bijlagen vind je een handige **Checklist Boeklancering**.

Sociale media

Voor alle stadia van de boekpromotie geldt dat je stevig je sociale media accounts moet inzetten als Twitter, Pinterest, LinkedIn, Facebook, Instagram, Tumblr, etc.

Als je dat systematisch elke dag wilt doen - en dat is een

must vooral in de eerste circa 6 weken dat je boek online is - dan kan dit veel tijd kosten. In die eerste circa 6 weken moet Amazon zien dat er veel aandacht voor je boek is. Is dat er niet, dan stimuleert Amazon jouw nieuwe boek niet meer. Dit is heel belangrijk! Stop dus al je energie in die eerste weken nadat je boek live is.

Overweeg het posten uit te besteden aan een Virtual Assistant of gebruik geautomatiseerde software.

Ik raad hiervoor Tweetdeck (gratis) aan of MeetEdgar (betaald). Het grote voordeel van de laatste is dat je daarop duizenden posts met visuals kwijt kunt voor plaatsing op Twitter, LinkedIn, Facebook en Instagram. Je kunt ze bovendien van tevoren in een schedule zetten, op een bepaald tijdstip.

VOORBEREIDING

Hoe eerder je begint met de marketing van je boek hoe beter. Je kunt al beginnen vóór je manuscript helemaal geschreven is om mensen warm te maken en interesse proberen te kweken. Je kunt om raad vragen en spanning opbouwen.

In het proces dat tot aankoop van een product leidt, zijn diverse stadia te onderscheiden: introductie, bewustwording (mensen moeten er vaker van gehoord hebben), mond-tot-mond reclame, en tot slot de aankoop. Daarna volgen nog: het schrijven van een review, en het doen van een vervolgaankoop.

Je zult weinig conversie hebben door simpelweg te roepen dat je een geweldig boek hebt geschreven dat mensen vooral moeten kopen.

Post niet alleen over het boek dat op komst is, maar zoek actief naar mensen die mogelijk geïnteresseerd zijn in het onderwerp. Ga in discussie en probeer mensen te voorzien van waardevolle inhoud. Probeer een netwerk op te bouwen in jouw niche, en geef veel weg. Zo bouw je krediet op.

Website of Facebookpagina

Het is handig (maar niet noodzakelijk) als je een eigen website / Facebookpagina of een landingspagina hebt waarop je aandacht besteedt aan je boek. Een website is eenvoudig op te zetten in Wordpress of met Weebly of Wix.

Een auteurs website moet minimaal de volgende pagina's hebben:

- Home
- About
- Contact
- My books

Als je alles onder je eigen naam schrijft en de boeken zijn allemaal in hetzelfde genre geschreven dan kun je je auteursnaam in de URL van de website zetten. Schrijf je verschillende boeken onder steeds andere namen dan kies je per titel een URL, of je uitgeversnaam.

Bied je lezers extra informatie. Bijvoorbeeld over hoe je ertoe kwam het boek te schrijven. Plaats wat foto's van jou in je studeerkamer en post achtergrondverhalen over jou als schrijver of expert. Ben je al lang bezig? Wat zullen je volgende boeken zijn?

Probeer leads die je krijgt naar je site te leiden waar je een zogenaamde 'opt-in' hebt staan. Plaats een funnel om email adressen te verkrijgen met online software van bijvoorbeeld Aweber, Mailchimp of MailerLite. Je vraagt bezoekers om hun naam en emailadres in ruil voor het sturen van een nieuwsbrief of een gratis product.

Voor je een website aanmaakt moet je je wel afvragen of je bereid bent veel tijd in die website te steken. Je website moet namelijk relevant zijn en ook relevant blijven. Als je niet steeds informatie toevoegt dan zakt je website snel weg. Dan had je beter traffic naar Amazon kunnen sturen, of een gratis Facebookpagina kunnen aanmaken.

Community Sites

Zorg dat je vertegenwoordigd bent op relevante community sites. Het is verstandig om daarop alvast actief te zijn voor je boek uitkomt, anders lijkt het op spammen. Kondig aan dat jouw publicatie eraan komt en creëer buzz om de publicatiedatum heen.

Een bekende community site voor allerlei schrijvers (beginnende, reeds gepubliceerde of onontdekte romanschrijvers) is wattpad.com. Je kunt hier je verhaal, of gedeelten ervan, posten zodat je een breder publiek kunt trekken. Lezers kunnen commentaar op je boek geven en reclame voor jou maken via hun eigen sociale media-accounts. Op je profielpagina kun je een link naar je website plaatsen.

Auteurclubs

Word lid van auteurclubs in binnen- en buitenland, platforms waar je elkaar helpt met advies. Op Facebook vind je hier diverse van.

Door je vroegtijdig aan te melden, te communiceren waarmee je bezig bent, advies te vragen over covers of bijvoorbeeld te laten stemmen over verschillende covers, bouw je krediet op en kun je later vragen om downloads en reviews. Misschien vind je er wel een auteur die in dezelfde niche zit en kunnen jullie een gezamenlijke promotie doen.

Kies je moment

Het hangt van het onderwerp af of je boek op ieder mogelijk moment gelanceerd kan worden. Vooral als jouw onderwerp inhaakt op de actualiteit, bijvoorbeeld op een bepaald jaargetijde of een feestdag, of aan een historische datum gekoppeld kan worden, is een goede planning van een datum belangrijk. Op die manier kun je profiteren van gratis publiciteit.

https://nationaldaycalendar.com

De ervaring leert dat je beter de maanden november en december kunt vermijden. De grote uitgeefhuizen zijn dan keihard bezig hun boeken te pluggen. Wacht tot medio januari. Ook is het niet aan te bevelen om in juli of augustus live te gaan.

Signeersessies

De kans op een traditionele signeersessie bij een boekhandel, bibliotheek of instituut is niet direct voor de hand liggend met een Engels boek. Voor een Nederlands boek is dit wel geschikt. Nodig ook de pers uit.

Contacteer zoveel mogelijk boekhandels voor de publicatiedatum en ga langs met een boek. Bij je lokale boekhandel is de kans het grootst dat ze een signeersessie willen organiseren.

MEDIA

Je wilt natuurlijk ook de traditionele media laten weten dat je nieuwe boek eraan komt. Schrijf een persbericht. Als je een Nederlands boek uitbrengt dan is het zaak de locale, regionale en nationale media in te lichten. Een belletje is vaak effectiever dan een persbericht. Haak altijd in op de actualiteit want het feit dat je een boek hebt geschreven is niet bepaald nieuwswaardig.

Een paperback versie is ideaal als promotiemateriaal. Stuur je boek naar de pers met een persoonlijk briefje.

Veel kranten hebben op hun website een emailadres waar je tips heen kunt sturen. Grote kans dat je niets terughoort, dus het is zaak je mail met een belletje op te volgen.

Je kunt ook professionele hulp inroepen van een publiciteitscoaches.

Gebruik voor een Engelstalige publicatie USNPL.com om journalisten van de gesproken en geschreven pers in de Verenigde Staten te vinden. De website bevat duizenden kranten met aangesloten journalisten, tv stations en radio stations. Je kunt zoeken per staat of stad en de emailadressen plus hun sociale media gegevens. Veel media hebben ook een pagina waar je meteen je persbericht kunt uploaden. Hoe handig is dat?!

PRE-ORDER

Tijdens de zogenaamde pre-order fase kan een ebook worden gekocht, maar nog niet worden gelezen of worden gerecenseerd.

Op dit moment is een pre-order op Amazon alleen mogelijk voor een ebook, (nog?) niet voor een paperback.

Een voorbeeld van perfecte boeklancering – door een technische foutje van Amazon – is *Blood on the Tracks*. De fout heeft dit boek tot een number #2 bestseller gemaakt ook al was het nog niet uit. In de pre-order fase, waarin normaal gesproken niet mag worden gerecenseerd, heeft het al vele honderden reviews kunnen krijgen.

Navraag leerde dat die reviews volgens Amazon een andere editie betroffen. Raar genoeg heb ik die andere editie niet op Amazon aangetroffen en heb Amazon gevraagd of dit policy was of dat ik iets niet goed begreep. (Ik hoopte natuurlijk dat ik een manier had gevonden om publicaties gerecenseerd te krijgen voor de lancering.) Als ik Amazon mag geloven bleek het een fout, maar wel een die erg in het voordeel heeft gewerkt van deze auteur, en uiteindelijk ook van Amazon die altijd een deel van de opbrengst krijgt.

Bij Kindle ebooks die in de pre-order fase staan zie je nooit (behalve in dit geval dan) de review button 'Write a customer review'.

Laat mensen je auteurspagina volgen en je ebook alvast bestellen. Om het aantrekkelijk te maken is het aan te raden om de prijs van je ebook in deze pre-publicatiefase lager te zetten dan de toekomstige ebookprijs.

Bepaal zelf of voor jou pre-order geschikt is. Ik heb het vaak gedaan, en met wisselend succes. Tegenwoordig kies ik vaker voor een soft launch waarbij het ebook op $0,99 of $2,99 wordt gezet.

Het voordeel van een pre-order is dat je het ebook alvast op Amazon kunt aankondigen terwijl je rustig doorwerkt aan je manuscript. Tot kort voordat het ebook live gaat heb je de tijd om een definitief bestand te uploaden.

ONLINE!

En dan is de dag aangebroken dat je boek live is. Het eerste wat je doet is via je KDP dashboard paperbacks bestellen. Het leuke van publiceren op Amazon is dat je auteursexemplaren kunt bestellen tegen een sterk gereduceerd tarief. Je kunt ook proefexemplaren (request printed proofs) bestellen, maar dan heb je er met grote letters PROOF op staan. Zelf kies ik deze optie nooit omdat je een proefexemplaar niet kunt verkopen.

Hoe doe je dat? Ga op je KDP dashboard in je bookshelf naar je paperback. Rechts daarvan zie je een grijze box met **Order author copies** onder **Paperback Actions**:

Kies de marketplace waar jij het boek wilt laten printen en het aantal boeken dat je wilt bestellen. Het handigst is Duitsland te kiezen omdat je dan de minste transportkosten betaalt. Nederland heeft (nog) geen printerfaciliteit. Amazon heeft over de hele wereld grote printers staan en jij kunt kiezen waar je wilt laten printen. Als een klant een boek bestelt via de website dan kiest Amazon de dichtstbijzijnde printer.

Vervolgens reken je af en geef je het adres op waarnaar je wilt dat de boeken worden opgestuurd. Dit kan jouw eigen adres zijn, maar het mag ook een ander adres zijn, bijvoorbeeld van een boekhandel waar je een signeersessie hebt georganiseerd.

De kwaliteit van de door Amazon geprinte boeken is over het algemeen redelijk tot goed. Alleen de afbeeldingen kunnen soms wat minder zijn.

Sociale media

Aanwezigheid op de sociale media helpt in het verkoopproces.

Sociale media kanalen kunnen gebruikt worden voor het vergroten van kennis over producten (awareness, research & word of mouth). Verwacht niet meteen dat mensen op basis van jouw posts, tweets en pins zullen aankopen, maar beschouw het als platforms waarop je mensen van informatie voorziet. Instagram kan goed ingezet worden om je branding te versterken, en heeft fantastisch mooie features. Vergeet niet een LinkedIn article te publiceren op de dag van publicatie.

Het belangrijkste bij alle sociale media uitingen is dat je goede visuals gebruikt, waarde biedt, en dat je branding consistent is.

Als je boek eenmaal te koop is, kun je vanaf je Amazon productpagina direct posten op Twitter, Facebook en Pinterest.

Hoe doe je dat? Ga naar je boekpagina op Amazon, (de Amazon productpage) en klik helemaal rechts op de pagina naast 'Share'.

Daar staan icoontjes voor Mail, Facebook, Twitter en Pinterest. Je kunt dus een mail sturen met daarin de informatie over jouw nieuwe publicatie. En door op de buttons te klikken kun je direct posten op Facebook, Twitter of pinnen op je Pinterest board.

TIP Als je op een van je Pinterest boards wilt pinnen kun je de Pinterest plugin in je browser zetten zodat je kunt pinnen vanaf elke willekeurige pagina met een afbeelding.

Je kunt ook je boek promoten via je Amazon link. Deze is te vinden links bovenaan op elke Amazon pagina: 'Link to this Page'. Door daarop te klikken krijg je de HTML code van jouw boek die je vervolgens als afbeelding of als tekst op je Wordpress site kunt zetten, of kunt gebruiken in je sociale media uitingen. Via bitly kun je de link verkorten.

In plaats van de reguliere link te gebruiken kun je ook meteen affiliate worden van Amazon zodat je nog eens extra inkomsten genereert. Dit is gratis, en ook al is het even werk is het de moeite waard. Je kunt affiliate worden van amazon.com, maar ook van amazon.co.uk, etc. Dit zijn allemaal aparte entiteiten, dus je moet je bij elke Amazon marketplace opnieuw aanmelden als affiliate. Ik leg uit hoe het werkt.

Affiliate

Een manier om een klein beetje extra te verdienen met Amazon is je aan te melden voor het **Amazon Associates Program**. Dat stelt jou in staat als associate of affiliate te verdienen bij het adverteren van Amazon producten. Je hoeft niet je eigen boeken te promoten, maar het aardige is wel dat je op je eigen boek behalve je royalty's ook affiliate commissie kunt verdienen als mensen via jouw individuele affiliate link op Amazon iets aankopen.

Hoe word je een Amazon Affiliate?

Helemaal onderaan de Amazon pagina zie je **Make Money with us**, en daaronder 'Become an Affiliate'.

Dan krijg je uitleg over de verschillende types links. Op dezelfde pagina staat een grote gele button met **Join now for Free**, en dan log je in met je Amazon account en wachtwoord. Zodra je je bankgegevens en je websites hebt ingevuld kun je aan de slag met jouw eigen affiliate links. Hiermee kun je jouw persoonlijke affiliate link verbinden aan elk mogelijk product dat op Amazon staat.

De Amazon marketplace waarvan je Amazon affiliate bent geworden (bijvoorbeeld amazon.com of amazon.co.uk), is nu voorzien van een handige Amazon Associates SiteStripe links bovenaan de pagina.

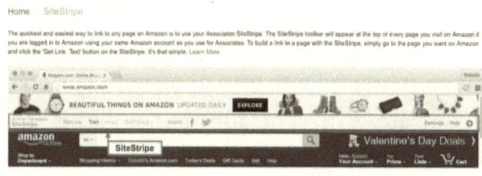

Als een bezoeker op jouw link klikt en overgaat tot aankoop, dan ontvang je een bepaald percentage. Hoeveel je krijgt is afhankelijk van het product. Je zult er niet rijk van worden, maar het is iets wat je een maal aanmaakt en jaren kunt laten staan zonder ernaar om te hoeven kijken.

Via **Earnings** (rechts boven op elke Amazon product page) heb je inzicht in je verdiensten.

Hoe kom je aan de link voor je eigen ebook of boek?

Ga naar je boekpagina op Amazon, klik op de titel van je boek, en ga boven in je **Amazon Associates SiteStripe** naar **Get Link** waar je kunt kiezen uit Tekst, Image, Tekst+Image.

Je ziet dan de door jou opgegeven Store ID, en je tracking ID waarvan je er verschillende kunt aanmaken. Kopieer de short link die je bijvoorbeeld op de sociale media kunt gebruiken.

De Amazon marketplaces zijn allemaal aparte entiteiten. Wil je associate zijn voor alle marketplaces, dan zul je voor alle marketplaces (com, co.uk, ca, de, etc) het proces van affiliate moeten doorlopen.

Als je wilt adverteren op je Twitter of Facebookpagina, dan is er een snellere route. Klik gewoon op een van de twee icoontjes in je **Amazon Associates SiteStripe**. Je affiliate link zit daar al in!

Wil je je ebook op je eigen website zetten, dan kun je kiezen voor alleen je cover (via text), of cover plus Amazon koop knop. Die laatste krijg je met: Text+Image. Copy-paste de link naar je Wordpress website.

Sommige sociale media accepteren (nog) geen affiliate link. Ook in je eigen Kindle ebook zijn alleen reguliere links toegestaan.

Landing Page of Capture Page

Maak een speciale landingspagina of een boekenblog. Met de gratis templates of plugins van Wordpress is dat zo gedaan. Je bekijkt wat video's op YouTube en binnen de kortste keren knutsel je jouw eigen auteurswebsite in elkaar. Link naar je boek (met de embed optie op de Amazon product pagina) en auteurspagina op Amazon. Zet ook hyperlinks in al jouw sociale mediaprofielen.

Boektrailer

Mensen zijn visueel ingesteld en vinden het leuk om naar

video's te kijken. Zo ook naar video's waarin jouw boek gepresenteerd wordt. Laat een korte videotrailer maken.

Die video kun je kwijt op je auteurspagina, op je blog en niet te vergeten op YouTube. Je kunt zo'n trailer op veel verschillende manieren maken: met PowerPoint, Vimeo, en als je een Apple hebt gewoon met de Apple software iMovie. Je kunt de productie ook uitbesteden aan iemand van Fiverr bijvoorbeeld.

Persbericht

Het is niet direct noodzakelijk als je een enkel boek publiceert, maar je zou kunnen overwegen een persbericht te (laten) plaatsen als je boek een wat stevigere basis heeft met enkele 5-star reviews.

Het plaatsen van een persbericht zal effectiever blijken als je meerdere boeken hebt geschreven, en je bovendien echt iets nieuws te melden hebt. Wil je internationaal opgepikt worden door de media, dan moet er wel sprake zijn van actuele nieuwswaarde.

Omdat iedereen een persbericht plaatst is het medium sterk aan inflatie onderhevig. Het nut van een persbericht zit in het feit dat het niet alleen door de media gelezen wordt, maar ook door bloggers en potentiële klanten. En het belangrijkste: het helpt je gevonden te worden. Als je bijvoorbeeld een persbericht plaatst op prweb.com, dan wordt dat bericht goed vindbaar op Google.

Naast gratis persdiensten kun je ook perscontacten persoonlijk benaderen. Stuur ze een briefje of een mail met je Amazon link voor de gratis download, en vergeet vooral niet na te bellen of te mailen.

Onderzoek onder Amerikaanse media leert dat men het liefst via Twitter of LinkedIn benaderd wordt.

Professionele persdistributie diensten kunnen prijzig zijn. Het versturen van een persbericht op prweb.com kost je $99 per keer. Gebruik zoveel mogelijk 'free press release distribution services'.

- www.1888pressrelease.com
- www.onlineprnews.com
- www.openpr.com
- www.prlog.org
- www.newswiretoday.com
- www.przoom.com
- www.bignews.biz

Contacten van de internationale media kun je benaderen via:

- www.perssupport.nl/apssite/content/wereldwijd
- www.prnewswire.com
- www.prlog.org

Heb je weinig tijd, dan kun je Fiverr gebruiken, waar je een persbericht kunt laten opstellen of distribueren. Zoek op Fiverr: 'press release', 'spokesperson' of 'I will syndicate your press release'.

Kijk goed via welke dienst ze de persberichten verspreiden. Fiverr freelancers gebruiken soms een betaalde, maar meestal een gratis dienst, dus bieden wat dat betreft weinig meerwaarde.

Ik heb ooit een persbericht laten schrijven op Fiverr

vanwege tijdgebrek, maar het bericht ligt nog op de plank vanwege de slechte kwaliteit. Stel er gewoon zelf een op. Immers, jij bent degene die de nieuwswaarde van jouw publicatie het best kan inschatten.

Op het internet zijn legio voorbeelden van persberichten te vinden en aanwijzingen hoe je er een moet schrijven. In ieder geval nooit meer dan een A-4tje, met je volledige contact details onderaan, inclusief postadres. Bovenaan: Press Release, gevolgd door een pakkende kop.

De website www.helpareporter.com, oftewel HARO, biedt een mooi platform. Ben je expert op jouw vakgebied, of heb je wat interessants te melden, maak dan een gratis account aan. Journalisten en bloggers raadplegen deze enorme database op zoek naar goede verhalen.

Kijk ook eens naar www.muckrack.com, waarop ruim 10.000 internationale journalisten met hun Twitter adres te vinden zijn. Journalisten van The New York Times, The Wall Street Journal en andere belangrijke kranten, maar ook invloedrijke bloggers staan hier met naam en toenaam op. Het kan slim zijn om ze te volgen op Twitter.

Open Community Websites

Er zijn platforms waarop je gratis artikelen kunt plaatsen. Website als hubpages.com of medium.com hebben hoge Google page ranks, iets wat handig is voor de vindbaarheid van je artikel, en derhalve je boek.

Zorg dat alle keywords waarop je gevonden wilt worden in die artikelen voorkomen, en gebruik natuurlijk je Amazon boeklink. Pas op dat je geen gedeeltes uit je boek kopieert, want dat wordt niet geaccepteerd.

Question & Answers Sites

Als je veel tijd over hebt (...), kun je meedoen aan vraag en antwoord sites zoals bijvoorbeeld: answers.yahoo.com, quora.com of answers.com. Soms worden er super simpele vragen gesteld, maar beantwoord ze gewoon omdat je soms je Amazon link in de antwoorden kwijt kunt, want daar is het om begonnen. Zoek op vragen die nog beantwoord moeten worden en zet je link in de source box. Op answers.com kun je ook een bestaande vraag verbeteren of beantwoorden met behulp van HTML codes.

Profielen

Maximaliseer je zichtbaarheid op het internet. Zet je Amazon link op al je profielen op het internet. Als je je internationaal wilt profileren, gebruik dan **AboutMe**.

Vaak krijg je de keuze tussen een gratis en een betaalde optie. Ofschoon de betaaloptie natuurlijk meer functionaliteiten heeft, werken de gratis opties prima. Je kunt er veel informatie over jou, je bedrijf en je publicatie(s) in kwijt.

Mail of Business Cards

Zet je Amazon booklink in je mail signature en op je website. Je kunt ook een QR-code (simpel te genereren met qrstuff.com) op je business card of op je mobiel zetten. Je bent immers auteur, en dat mag je aan de wereld laten zien.

Reviews

Probeer in de tijd voorafgaand aan je free promo days (wordt hierna behandeld)) zoveel mogelijk reviews te krijgen. Het is niet toegestaan om familieleden een review te laten schrijven. Familieleden onder een andere naam maar met hetzelfde IP-adres worden vaak herkend door Amazon, en hun reviews worden dan ook geweigerd of anders later verwijderd. Zorg dat je tenminste vijf 4 of 5-star reviews hebt voordat je daadwerkelijk aan de free promo days begint. Bij veel adverteerders word je geweigerd als je boek geen reviews heeft.

Zodra een publicatie veel reviews heeft, hoef je je ietsje minder zorgen te maken dat deze wegzakt.

Goodreads

Gebruik de gratis website goodreads.com om je als auteur te profileren. Vul je profiel in en word lid van voor jou relevante groepen, te vinden onder de tab *Community*.

Het nut van Goodreads voor jou als schrijver ligt in de aard van de gebruikers, namelijk tientallen miljoenen vaak serieuze lezers, waarmee het de grootste lezerssite ter wereld is. Een vijfde van de gebruikers bestaat uit boekbloggers en journalisten, kortom een invloedrijke groep waar het gaat om beoordelingen van je boek.

Goodreads biedt een perfect platform voor lezers en schrijvers! Je kunt gebruik maken van een scala aan mogelijkheden: polls, lists, giveaways en widgets. Een van de meest effectieve strategieën is het gebruikmaken van lists oftewel listopia, te vinden onder de tab *Browse*.

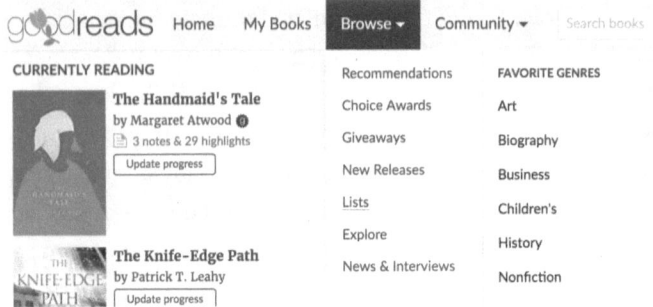

Hoe werkt listopia? Zoek een lijst in jouw categorie en plaats jouw eigen boek op die lijst. Probeer af en toe een boek van een andere auteur op een lijst te plaatsen zodat het niet al te veel op zelfpromotie lijkt. De tijd zal komen dat dit niet meer mag. Laat dan een andere auteur dit doen voor jouw boek en vice versa.

Goodreads is eigendom van Amazon. Als het goed is zie je jouw publicatie een weekje na verschijning ook op Goodreads. Is dat niet het geval, dan kun je je boek daar zelf opzetten.

TIP Registreer je ook voor deboekensalon.nl (opgericht door NBD Biblion) en bij hebban.nl, een soort Nederlandse tegenhangers van Goodreads. Op hebban kun je naast een gewoon lezersprofiel ook een auteursprofiel aanmaken. Je boek moet wel via het CB zijn uitgegeven wil het getoond kunnen worden.

Nu DWDD ermee stopt is het krachtigste promotiekanaal voor Nederlandse auteurs weggevallen. Je kunt natuurlijk je boek besproken zien te krijgen in de zaterdag editie van De Volkskrant of in boekmagazines.

Er zijn legio mogelijkheden om je boek onder de aandacht te krijgen. Hierbij een lijstje van opties:

- Organiseer win acties via Facebook of Instagram
- Stuur boeken naar boekbloggers en booktubers
- Werk samen met andere auteurs en promoot elkaars boeken
- Probeer van lezers ambassadeurs te maken door ze een percentage aan te bieden van de opbrengst
- Probeer influencers te overtuigen jouw boek te promoten. Misschien willen ze met jouw boek op de foto?
- Organiseer een giveaway via Rafflecopter
- Neem contact op met je oude universiteit / Hogeschool en probeer in hun nieuwsbrief te komen
- Regel dat je in de nieuwsbrief van een voor jouw relevante vakvereniging komt
- Organiseer spreekbeurten
- Organiser een member giveaway op LibraryThing
- Zorg dat je altijd en boek bij je hebt
- Produceer een boekenlegger en visitekaartjes voor weinig geld
- Producer posters en laat ze ophangen bij de o.a. de boekhandels

AMAZON'S PROMOTIEMIDDELEN

Amazon biedt twee effectieve promotiemiddelen:

- Free Promo Days
- Kindle Countdown Deals

We spreken ze hier.

Free Promo Days

Zoals je weet mag je vijf dagen per elke 90 dagen je ebook gratis aanbieden. Ook al verdien je niets aan die free downloads, draait het om de belangstelling die er voor jouw ebook wordt gekweekt. Het doel gedurende deze dagen is zoveel mogelijk downloads te krijgen, page-reads en het liefst ook nog goede reviews. Bepaal zelf hoeveel van deze free promo days voor jou werken. Ik adviseer er niet meer dan 1 of 2 per keer te gebruiken om zo momentum te creëren. Zelf gebruik ik er 1 per 90 dagen.

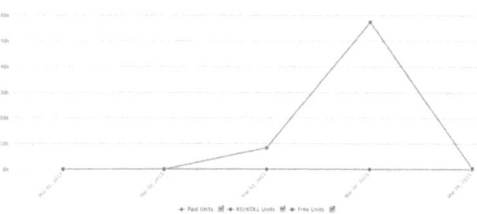

Afhankelijk van je niche en het voorwerk dat je in de boekpromotie steekt kan het aantal downloads tijdens een promo van twee dagen tussen de honderden tot duizenden oplopen. In combinatie met een advertentie kunnen de downloads zelfs in de tienduizenden lopen.

Een goede voorbereiding is belangrijk! Ik geef je een stappenplan met oog op maximale downloads.

- De Free Promo Days plan je tenminste twee weken vooruit. Bij de meeste advertentiesites moet je een à twee weken van tevoren de data van de Free Promo doorgeven. Je kondigt namelijk je free promo days aan via advertentiesites om het wat kracht bij te zetten.
- Experimenteer welke dagen van de week voor jou goed werken, en vergeet vooral daarbij de nationale feestdagen niet! Plan niet op een feestdag, maar er omheen. Tijdens de kerstdagen bijvoorbeeld moet je nooit een Free Promo plannen. Denk hierbij aan jouw specifieke lezerspubliek. Black Friday is voor Amerikanen een koopjesdag waarop ook veel ebooks gratis worden aangeboden, maar je ondervindt teveel concurrentie. De week ervoor is beter.

Let op met het aankondigen van de tijden van je Free Promo Days op je sociale mediakanalen, want op Amazon houdt men Pacific Standard time aan, West Coast tijd. Stelregel: een gratis promotiedag begint rond 9.45 uur 's ochtends onze tijd.

Post zoveel mogelijk op de dag(en) van je free promo en er pal na. Mensen houden over het algemeen van gratis aanbiedingen, dus er zal geklikt worden. Gebruik tijdens je promotie de volgende hashtags:

- #free
- #bookgiveaway
- #kindlebargain
- #freekindlereads
- #deal

Effectiever is het als anderen zeggen hoe goed jouw ebook is. Op twittergids.nl staan de meest invloedrijke twitteraars per vakgebied. Op de site vind je ook de internationale varianten als www.tweepguide.com. Hashtagify.me toont de populariteit van hashtags voor een thema en twitteraars met het grootste bereik.

Gebruik niet meer dan twee hashtags.

Er zijn diverse Facebookpagina's en groepen waar je je ebook gratis kunt aanmelden. Het is handig om op de sociale mediakanalen je snel stijgende Amazon rating door te geven met iets als: "My book is now on #8 Best Seller rank on the Kindle store in my genre! Thanks to your support!"

Aan het eind van de promotie kun je delen hoe ver je

bent gekomen. Het mooist is het als je boek hoog in de **Top 100 Free** komt te staan.

Pinterest. Je kunt een board aanmaken voor Free Books en daarop niet alleen je eigen gratis ebooks, maar ook die van anderen promoten. Of je meld je aan bij iemand anders met een dergelijk board. Pinterest is voor visueel ingestelde mensen die leuke tips willen. Vrouwen gebruiken veel Pinterest, en covers doen het goed op Pinterest.

TIP Maak een gratis account aan bij canva.com. We hebben deze software al besproken bij het ontwerpen van een cover. Ook voor sociale media visuals is dit een perfecte tool. Je kunt de afbeeldingen op elke mogelijke grootte maken en denk ook aan de headers van de sociale media accounts.

De meeste afbeeldingen zijn gratis, maar er zitten ook betaalde tussen.

Omdat mensen niet voortdurend een boekcover willen zien, maar ook wel eens iets anders, kun je met Canva een sterke quote uit jouw boek tegen een mooie achtergrond zetten en die verspreiden. Je kunt het plaatje ook hyperlinken. Er zijn ook goede alternatieven zoals WordSwag.

Onmiddellijk na de free promo days moet het ebook veel worden aangekocht omdat je dan profiteert van de recentelijk verkregen populariteit.

Wees erop voorbereid dat het ebook weer ongelooflijk in rangorde daalt, maar dat is gebruikelijk. Het kan gebeuren dat je ebook op #99 eindigt in de Top Free 100 lijst, om vervolgens terug te zakken naar #300.000 zodra men voor het ebook moet betalen. Dat hoort erbij.

Als je in Amazons ogen hebt bewezen dat je ebook het goed doet, namelijk door veel downloads te krijgen en hoog in je eigen categorie te komen, dan neemt Amazon de promotie (tijdelijk) van je over. Immers, zij zijn er ook bij gebaat dat goed converterende ebooks goed blijven verkopen!

Kindle Countdown Deal

Je kunt tijdens de periode van 90 dagen gebruikmaken van ofwel de besproken 5 free promo days of van een 'Kindle Countdown Deal'.

Hoe doe je dit? Je gaat op je dashboard naar Bookshelf waarop je je ebook ziet staan.

Rechts zie je onder 'Kindle ebook Actions' een scroll-down menu met onder meer: 'Promote and Advertise'. Dat zie je alleen als je je ebook in het KDP select programma hebt lopen. Kies vervolgens op het nieuwe scherm 'Run a Price Promotion' en vervolgens 'Kindle Countdown Deal' > Create a new Kindle Countdown deal.

Je kunt deze actie per Amazon marketplace laten lopen. Daarna kies je het aantal stappen van het prijsverschil, tot maximaal vier stappen. Op Amazon zie je dit soort Kindle Countdown deals in een aparte sectie:

amazon.com/kindlecountdowndeals

Het aardige van dit programma is dat de lengte van de promotie erbij staat. Op Amazon verschijnt dan een tekst naast je ebook als 'The Kindle Countdown Deal - Price goes up to $ .. in .. days' waarbij een digitale klok die aftelt je maant tot snelle actie!

Die tijdsdruk werkt goed. Plan dit soort promoties niet langer dan een paar dagen, want anders is het effect van de tijdsdruk nihil.

Op je KDP dashboard kun je onder **Reports** bijhouden hoe het met je Promotions gaat. Je ziet dan het aantal downloads ten tijde van de promotie en in de tijd ervoor. Die twee worden tegen elkaar afgezet. Ook je royalty inkomsten per uur worden berekend.

BLOGTOURS & PODCASTS

Het is veel werk, maar het loont om een virtuele blog te organiseren. Op je website kondig je aan op welke data je welk blog bezoekt om daar een van de volgende zaken te doen:

- Het schrijven van een gastblog
- Het laten afnemen van een interview (live)
- Het plaatsen van een door jou zelf geschreven Q&A
- Het laten horen van een podcast
- Het weggeven van getekende paperbacks

Wil je een blogtour dan moet je dus op zoek gaan naar boekbloggers in jouw genre. Je kunt ook een gastblog schrijven op een website van een andere expert. Je directe concurrent zal misschien niet zo snel genegen zijn om jou ruimte te bieden op zijn of haar eigen site, maar wel mensen die affiniteit hebben met het onderwerp van jouw publicatie. Ga na wie de 'thoughtleaders' zijn op jouw gebied en schrijf ze aan. Zeg iets als:

"I have been reading your blogs and I love ... I cannot help noticing that we share our interest for .. I am the author of ... I am currently making my schedule for coming season and wonder whether you would be willing to host me. I have the following ideas ..."

Vind je het teveel werk om bloggers bij elkaar te zoeken en alles te coördineren, dan zijn er blogtour organizers die je alle werk uit handen nemen. Zij beschikken vaak over een bestand van honderden bloggers.

Hoe werkt dat? Jij levert de inhoud aan, de cover, je auteursfoto, de boekbeschrijving, de metadata van je boek en bepaalt hoeveel boeken je wilt weggeven. Vaak zijn dat tussen 2 en 5 exemplaren. Kosten variëren, maar denk aan zo'n $150 waarvoor je een week lang aandacht kunt krijgen. Hoe meer korte blogs je aanlevert hoe langer de blogtour kan zijn.

Podcast hosts zijn ook vaak op zoek naar auteurs met een interessant verhaal. Luister eerst naar een paar van hun interviews om te bepalen of de toon je aan staat en kijk op de website of deze niet vol staat met advertenties van casino's en datingsites.

Op itunes.com, stitcher en blogtalkradio.com vind je een keur aan podcasts. Zoek op thema en kies een actieve host uit.

Het grote voordeel ten opzichte van een signeersessie is dat podcasts online blijven. Met de juiste tags kun je dus nog jaren na dato gevonden worden. Verwijs op je website naar je gastblogs of podcasts. Zodra ze hebben plaatsgevonden, haal dan de datum weg zodat mensen er op blijven klikken.

BULKVERKOOP

Als je via Amazon verkoopt dan moet je het hebben van individuele lezers. Soms schiet dat niet op.

Het loont om daarnaast manieren te zoeken waarmee je veel paperbacks tegelijkertijd kunt afzetten. Het hangt af van je niche wat jouw afzetgebied zou kunnen zijn. Dit vereist enige creativiteit.

Elk boek heeft zijn eigen specifieke mogelijkheden: bepaalde winkels, speciaalzaken, bedrijven, dokterspraktijken, congressen, cruiseschepen. De markt voor bibliotheekboeken is ook groot.

NBD Billion

Stuur twee exemplaren van je boek naar NBD Biblion, een instantie die boeken beoordeelt en categoriseert. Bibliothecarissen bepalen dan of ze jouw boek willen opnemen. Op deze manier verkoop je je boeken aan de bibliotheken en krijg je een vergoeding voor uitleningen. Wonderlijk genoeg kopen ze alleen Nederlandstalige boeken in.

NBD Biblion
Afdeling Aanbodselectie
Postbus 7454
2701 AL Zoetermeer

Engelse boeken in bibliotheken

Hoe krijg je je niet-Nederlandstalige publicaties in een bibliotheek? De makkelijkste weg is je ebook te uploaden bij Kobo or Draft2Digital omdat ze direct doorzetten naar bibliotheken - mits je het juiste vinkje aanzet.

Zelf heb ik een account bij Overdrive (voor ebooks) maar dat is alleen aan te raden wanneer je over veel titels beschikt. Het is een nogal gebruikersonvriendelijk platform.

Amy Collins van newshelves.com geeft tips over hoe je je paperback in bibliotheken en speciale boekhandels en giftshops krijgt. Dit is niet zo makkelijk als zij het voordoet, overigens. Je kunt via haar je Engelse paperback in bibliotheken krijgen. Voorwaarde is dat het boek op Ingrams staat en een bepaalde boekhandelskorting geeft. Ik heb het geprobeerd, maar was niet onder de indruk; de opbrengsten wogen niet op tegen de kosten voor haar dienst. Het best is nog altijd er zelf op afgaan, bellen en schrijven.

REVIEWS

Reviews zijn enorm belangrijk voor je boek. Hier moet je stevig op inzetten, en ook voortdurend aandacht aan blijven geven.

Een methode om reviews te krijgen is om naar de profielen van de reviewers op Amazon te kijken die soortgelijke publicaties hebben gerecenseerd.

Klik op hun naam in de review en dan kun je soms (!) hun contactgegevens onder hun foto zien staan. Stuur ze een digitaal presentie-exemplaar. De meest actieve Amazon reviewers zijn te vinden op:

www.amazon.com/review/top-reviewers

Helaas lijkt Amazon op dit ogenblik bezig te zijn om de

contactgegevens van reviewers onzichtbaar te maken, dus het zal niet lang duren voordat ze in het geheel niet meer zichtbaar zijn.

Bookfunnel

De fijnste en meest fool-proof methode om een digitaal bestand (mobi of ePub of PDF) te versturen is Bookfunnel. Het is een betaalde dienst, maar een echte aanrader. Je kunt ook je bestanden aten beveiligen, je emaillijst aanvullen, een mooie landingspagina aanmaken. Daarnaast biedt Bookfunnel nog andere handigheidjes. Je kunt vragen aan degene die download om een email adres achter te laten, maar dat hoeft niet.

Vind je Bookfunnel te duur of te bewerkelijk, stuur dan een presentie-exemplaar aan een potentiële reviews via een dropbox link.

Review Sites

Er bestaan websites voor auteurs die graag hun boek gerecenseerd willen hebben. Pas wel op, want steeds vaker komt het voor dat men een betaaloptie aanbiedt voor snelle service en gegarandeerde 4 of 5 star reviews. Ga daar niet op in, want je mag niet betalen voor een recensie.

Hier vind je een mooie lijst met reviewers:

theindieview.com/indie-reviewers

Nederlandse auteurs kunnen reviews proberen te krijgen via Goodreads of bijvoorbeeld Hebban.

BOOKCLUBS

Listopia van Goodreads is al besproken als mogelijkheid om je boek op diverse virtuele boekenplanken te krijgen. Maar op Goodreads zijn ook veel boekclubs aanwezig waar je lid van kunt worden. Je vindt deze in **Groups** onder de tab **Community**.

Naast Goodreads zijn er nog andere nuttige bookclubs of auteurs- en lezersclubs waarvan je gratis lid kunt worden. Registreer jezelf op die sites, al zou het alleen maar zijn om de Amazon link van je publicatie erop te kunnen plaatsen.

Bookclubs kopen over het algemeen niet een enkel boek, maar meerdere. Bovendien praten bookclubleden veel over boeken. Kortom, het kunnen belangrijke influencers zijn.

Bookclub organizers zijn de personen die beslissen welk boek ze gaan lezen. Maak het ze zo gemakkelijk mogelijk om jouw boek te kiezen, want ze krijgen vaak boeken aangeboden. Een bookclub organizer laat de club alleen een boek lezen die zij of hij zelf heeft gelezen.

Er zijn groepen die bij elkaar aan huis komen, bij een bibliotheek, een kerk (bible study groups) of een instelling. Soms komen ze wekelijks of maandelijks bij elkaar, soms met grotere intervallen.

Diverse lezersgroepen zijn georganiseerd in readerscircle.org of in meetup.com, een netwerk van groepen die elkaar met enige regelmaat (maar niet noodzakelijkerwijze) in levende lijve zien rondom een bepaald thema. Je kunt meetup.com ook gebruiken om bookclubs met een bepaalde interesse te vinden binnen Nederland. Zoek dan op bookclubs bij jou in de buurt, en / of op thema.

Stel je hebt een bookclub gevonden waarvan je denk dat die in jouw boek geïnteresseerd zou kunnen zijn. Leg dan contact met de bookclub organizer. Contactgegevens staan altijd op de website. Zeg dat je graag een exemplaar van je boek stuurt en voeg ook een lijst toe met vragen over jouw boek die aanzetten tot discussie. Handig om de discussie op gang te brengen tussen lezers!

TIP Mocht je een non-fictie boek hebben geschreven dan zou je kunnen overwegen om na elk hoofdstuk, of aan het eind, een paar prikkelende vragen te stellen.

TIP Een ander idee is om aan het eind van je boek een uitnodiging voor Bookclub organizers te plaatsen. In het Engels kan dat als volgt luiden: "I would love to skype-in and participate in your book club, so you can ask questions. Please email me if you think this is an appropriate book for your club."

TIP Stel een A4tje samen over je boek en vraag aan de lokale bibliotheek of je het mag ophangen. Leden van bookclubs bezoeken vaak de bibliotheek en kunnen zo op een idee worden gebracht.

AMAZON ADVERTENTIES

Als je veel geld te besteden hebt is het gemakkelijker om veel aandacht voor je boek te genereren. Dat kan door middel van advertenties op de sociale media als Facebook, LinkedIn, Twitter, Instagram, Pinterest, maar ook via Google Adwords, Amazon ads en via Whatsapp. Facebook advertenties zijn handig omdat je exact je doelgroep kunt bepalen.

Degene die goud geld maakt met zijn boekenseries is de Engelse voormalige advocaat Mark Dawson. Ook al is hij wat aan de ijdele kant, weet hij waarover hij het heeft en je kunt ook een cursus over adverteren bij hem volgen. Maar zijn cursus heeft voornamelijk zin als je meerdere boeken hebt uitgegeven of gaat uitgeven omdat zijn principes gebaseerd zijn op het opbouwen van een email lijst en series.

Adverteren op Amazon is het het meest effectief, en is ook nog niet zo duur als Facebook ads.

Ik raad je aan eerst enkele gratis online seminars te volgen voor je gaat adverteren. Een advertentie online zetten is op zichzelf heel simpel, maar om een goede return of investment te krijgen moet je er serieus induiken.

In Nederland zijn er op Facebook behoorlijk veel mensen actief die webinars geven over online adverteren.

Amazon Advertenties

Dit is de beste van alle promotiemogelijkheden. Hierbij maak je gebruik van Amazon Marketing Services om je boek dat op Amazon staat te promoten. Met een advertentie bereik je direct het lezerspubliek dat op Amazon zoekt om een boek te kopen. Als je je bekwaamt in het adverteren op Amazon dan vergroot dat je kans op sales aanzienlijk!

Advertenties plaatsen op Amazon is vrij eenvoudig, maar weer niet zo eenvoudig om je kosten ten opzichte van je verdiensten in een goede balans te houden.

Hoe plaats je een advertentie? Ga op je KDP dashboard naar je boekenplank. Helemaal rechts naast je boek zie **Promote and advertise**.

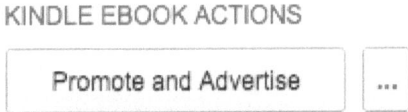

En daarna in het dropdown menu nog een keer Promote and Advertise.

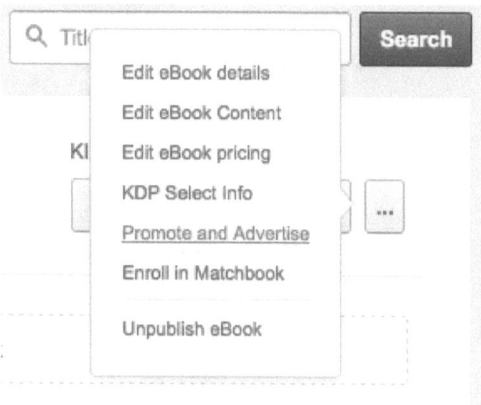

Als je daarop klikt, kun je kiezen tussen **Run a Price Promotion**, of **Run an Ad Campaign** (rechts).Kies de laatste. Je kiest de Amazon marketplace waar je wilt adverteren. Die landen staan in een dropdown menu. Je kunt nog niet op amazon.nl adverteren.

Via deze gele knop rechts kun je je reclame campagne opzetten.

Je komt dan op een eigen Amazon advertising dashboard waarop je advertenties kunt aanmaken.

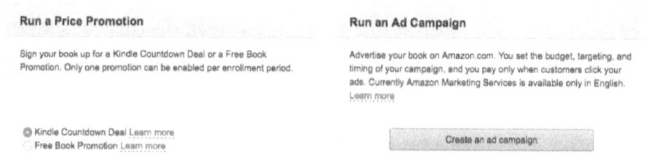

Dan heb je de keuze tussen Sponsored Products of Lockscreen Ads. Kies voor Sponsored Products.

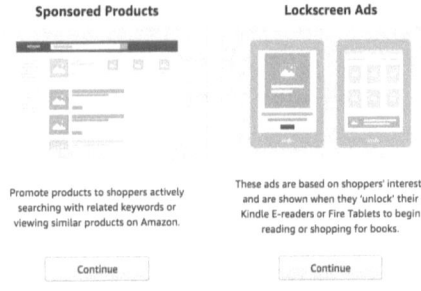

Jij bepaalt het budget per dag, oftewel het maximale bedrag dat je bereid bent te betalen wanneer een klant op je advertentie klikt. Je betaalt alleen wanneer op de advertentie wordt geklikt.

Probeer of je met $1 per dag toe komt. Het hangt een beetje af van de keywords waarop je je wilt richten. Op sommige keywords is zoveel concurrentie dat je advertentie niet getoond wordt onder de $1.

Je hoort snel genoeg van Amazon of je je budget moet bijstellen. Potentiële lezers die op je advertentie klikken, worden geleid naar de Product page van je boek.

Je selecteert de titel die je wilt promoten, en of je Amazon wilt laten bepalen waar je advertentie getoond wordt (automatic targeting), of dat je het met de hand doet (manual targeting) en zelf zoekwoorden ingeeft waarop je wilt adverteren. Als je dat laatste doet, zorg dan voor een hele lange lijst met zoekwoorden als genre, soortgelijke boektitels, soortgelijke auteurs, zoekwoorden die inhoudelijk verwijzen naar jouw boek. De lijst moet tenminste 100 zoekwoorden bevatten om enigszins effectief te zijn.

Je kunt ook zoekwoorden opgeven waarop je juist **niet** gevonden wilt worden.

Je stelt een begin- en einddatum in voor je advertentie. Geef je geen datum aan dan gaat de teller gewoon lopen en stopt de advertentie als je door je budget heen bent. De advertentie doet mee in een online veiling.

Je kiest je maximum CPC-bieding (kosten-per-klik) wanneer je je advertentie inplant. Je CPC-bod is het maximale bedrag dat in rekening wordt gebracht wanneer een klant op je advertentie klikt.

De werkelijke kosten-per-klik worden bepaald in een veiling die plaatsvindt tussen advertenties die op dezelfde keywords gericht zijn. Als je advertentie niks doet dan heb je te weinig geboden. Stel dan je bod naar boven bij. Dat kan tussentijds.

Ik heb hiermee geëxperimenteerd en heb goede resultaten bereikt. Bij een dagelijks budget van $1 voor een ebook heb ik voor $1468 verkocht bij een inleg van $95 en een ACOS van 6,4%. De advertentie loopt al sinds september 2017. Vergeet niet dat je ook verdient aan page-reads en eventueel aan zogenaamde read-throughs (bij series).

Amazon advertenties moet je voortdurend checken. Kijk elke dag hoe het gaat, maar wijzig niets in de eerste week. Als nu na een week blijkt dat je meer uitgeeft dan er binnenkomt kun je gaan aanpassen. Pauzeren of stoppen kan altijd nog. Wees je ervan bewust dat als je pauzeert - om wat voor reden dan ook - je het Amazon algoritme onderbreekt.

Als je advertentie wel wordt getoond, maar er niet op

wordt geklikt, worden er geen kosten in rekening gebracht.

Het is belangrijk om producten en interesses te selecteren die je potentiële lezers zullen aanspreken. Je kunt meerdere campagnes tegelijkertijd aanmaken om te kijken wat het beste voor jou werkt. Bijvoorbeeld een met manual targeting en de ander automatisch. Of een gericht op een bepaald boek dat het erg goed doet, en een ander met meer algemene keywords.

Na het aanmaken van je campagne kun je het aantal impressions (weergaves) en clicks volgen.

Je bent natuurlijk benieuwd waar je advertentie precies verschijnt en hoe deze eruit ziet. Helaas zul je je eigen advertentie niet tegenkomen. Iedere Amazon gebruiker ziet gesponsorde producten die zijn toegesneden op zijn of haar koop- of click gedrag.

TIPS

- Target populaire boeken en auteurs in jouw genre.
- Target nieuwe publicaties van grote uitgevers die veel budget hebben voor promotie. Dan lift je daar mooi op mee.
- Abonneer je op BookBub deals en zodra je de email met deals voor die dag binnenkrijgt, check of er een boek is met een soortgelijk onderwerp. Indien dat het geval is, maak snel een campagne aan. Hoe vaker je adverteert op Amazon, hoe sneller je advertenties worden geaccordeerd. In het begin kan het wel een paar dagen duren, maar maak je er veel aan, dan wordt je

advertentie snel goedgekeurd, op tijd om te profiteren van de kracht van de BookBub ads.
- Target altijd je eigen boeken en je eigen naam als je een auteur bent van een serie.

Behalve op amazon.com kun je ook adverteren op amazon.de, amazon.fr, amazon.it, amazon.es en amazon.co.uk. Ongetwijfeld rolt men het systeem ook uit op amazon.nl. Als je op alle marketplaces wilt adverteren dan zul je wel verschillende advertenties aan moeten maken.

Amazon lijkt steeds meer aandacht te gaan besteden aan adverteren en verfijnt het advertentiesysteem steeds meer met allerlei filters.

Een makkelijke manier om weer in je .com advertentie campagne te komen is via:

https://advertising.amazon.com

Adverteren op Amazon is niet eenvoudig. Brian Meeks schreef *Mastering Amazon Ads. An Author's Guide*. Geen touw aan vast te knopen.

Als gezegd biedt Mark Dawson een cursus aan. Zelf vind ik Bryan Cohen prettiger. Volg zijn online seminars.

BOEK ADVERTENTIES

Er zijn ook gespecialiseerde boekensites waar je advertenties of banners kunt kopen. Deze bestaan tot nu toe alleen voor Engelstalige boeken (en een paar Duitse).

Tot 2018 heb ik nooit betaald voor advertenties omdat ik met minimale middelen een maximaal resultaat wilde behalen. Toen het effect van de free promo days afvlakte, ben ik advertenties gaan gebruiken in campagnes ter ondersteuning van de free promo days. Niet alleen tijdens een free promo, maar ook pal erna. Het blijkt nu echt noodzakelijk. Sterker nog, zelfs met betaalde advertenties is het ongewis of je succesvol bent.

Wat wordt er op advertentiesites van je gevraagd? Doorgaans zijn dat de volgende zaken:

- Titel
- Naam van de auteur
- Emailadres
- Het ASIN nummer (dit nummer begint vaak met een B en staat onder de product details op Amazon, zoals bijvoorbeeld: B00DS6OXIS)

- De originele prijs
- De aanbiedingsprijs (waarbij je kunt kiezen tussen gratis of een laag bedrag. Bij sommige sites kun je namelijk ook een ebook tegen gereduceerde prijs aanbieden)
- Genre
- Korte beschrijving
- Cover

Bij bepaalde advertenticsites moet je aangeven of het boek seks, geweld of andere aanstootgevende inhoud bevat.

Op Reedsy vind je een lijst van gespecialiseerde advertentiesites, plus de kosten per advertentie, of je ebook gratis of betaald mag zijn, hoeveel mensen ze gemiddeld bereiken, en wat voor andere vereisten er zijn. Soms vraagt men namelijk een minimum aantal pagina's.

https://blog.reedsy.com/book-promotion-services/

BookBub Featured Deal

BookBub is de ongekroonde koning van de boekenwereld. Heb je eenmaal een fiks aantal reviews voor je Engelse boek, dan kun je de sprong wagen en je aanmelden voor een betaalde *Featured Deal* bij BookBub. Ze zijn behoorlijk duur, maar - mits je boek geaccepteerd wordt - zeer effectief.

Je kiest voor een promotie naar hun achterban van miljoenen lezers terwijl je je ebook zet op Free, $0.99 of hoger.

Hoe meer je voor je ebook vraagt, hoe meer BookBub van jou vraagt voor een promotie. Een *Featured deal* kost al gauw een paar honderd dollar, en is sterk afhankelijk van jouw niche. Zit je in Crime Fiction, en wil je je ebook gratis laten promoten, dan betaal je $783, voor een $0,99 ebook is dat $1,138, maar het aantal te verwachten downloads liegt er dan ook niet om: bijna 49,000 downloads!

bookbub.com/partners/pricing

Voor management- en businessboeken liggen de prijzen veel lager, en dat komt ongetwijfeld omdat de lezers van BookBub hoofdzakelijk fictie lezen.

Het aantal downloads dat je zult gaan krijgen op basis van voorgaande deals wordt ook weergegeven. Absoluut de moeite waard, maar de kans is niet groot dat je direct geaccepteerd zult worden. Blijf gewoon proberen.

Een snelle analyse van gedane BookBub featured deals leert dat een gratis ebook wereldwijd de beste investering is.

TIP Mocht je ebook geaccepteerd worden, zorg dan dat je in de dagen NA de promotie je ebook flink plugt, want dan moet je je investering terugverdienen. Betreft het een dik ebook en had je dat ook nog eens in KDP select, dan kun je aangenaam verrast worden door het aantal page-reads.

BookBub Ads

Een minder dure optie biedt BookBub Ads. Vooral als je jouw ebook op meerdere platforms hebt staan werkt een advertentie op BookBub goed. Als je met je ebook in KDP select zit, dus gebonden bent aan Amazon, dan zou je het een keer kunnen proberen, maar het aantal downloads is veel geringer. Na een paar keer adverteren is de kans namelijk groot dat iedereen die zich als lezer op BookBub heeft aangesloten jouw ebook al een keer gezien heeft of heeft gedownload.

Via onderstaande link maak je een advertentie aan.

insights.bookbub.com/category/bookbub-ads

BookBub Ads

BookBub Ads is an auction-based advertising platform that lets you promote any book, any time at the bottom of BookBub's daily emails. Here are a few of our top posts on running BookBub Ads campaigns:

 Tutorial: How to Use BookBub Ads

 The Ultimate Guide to BookBub Ads

 Goals You Can Achieve With BookBub Ads

Volg eerst hun korte cursus, en claim ook je eigen BookBub Author Profile. Rechts op de pagina zie je een grote knop: **Claim Now.**

Het platform biedt eigen software waarmee je een advertentie kunt aanmaken. Je kunt bepaalde auteurs targeten zodat je als het ware meelift op hun populariteit, en een CPC-prijs zetten. Heb je een serie ebooks, bied dan de eerste gratis aan en verwijs aan het eind van je ebook naar deel 2.

X

BREDER PUBLICEREN

MEER UITGEEFPLATFORMS

Mocht je na de 90 dagen van KDP Select voor je ebook verder willen kijken, en denken dat je de miljoenen klanten die Amazon in zijn bestand heeft al hebt bereikt (...), dan zou je andere self publishing platforms kunnen overwegen. Zet dan KDP Select stop.

Dat beëindigen van KDP Select doe je op je KDP dashboard, onder Bookshelf. Klik een titel aan. Dan verschijnt helemaal rechts onder **Kindle ebook Actions** in het drop-down menu onder andere **KDP Select Info** waar je ziet wanneer de periode van 90 dagen eindigt.

Zit je eenmaal in KDP Select, dan loopt het programma automatisch door tenzij je het vinkje uitzet. Je ebook blijft wel gewoon bij Amazon staan en je bent niet meer exclusief aan Amazon verbonden. Je mag de wijde wereld in.

Er zijn mensen die nooit op Amazon kopen, dus je zou jezelf tekort doen door je er niet even in te verdiepen na verloop van tijd. Of je het daadwerkelijk moet doen is een tweede.[1]

Er zijn veel mogelijkheden naast Amazon:

- Kobo
- Lulu
- Apple iBooks
- Publishdrive
- Nook
- Flipkart
- Draft2Digital
- Google Play
- Smashwords

Bekijk hun commissiestructuur, hoe groot ze zijn, en in welke landen hun online stores toegankelijk zijn.

Je vergroot je reikwijdte behoorlijk door je ebook ook op andere kanalen te zetten. Doe dit pas als je ebook een stevige basis heeft op Amazon met veel positieve reviews. Wil je ook elders publiceren, dan moet je wel een epub versie van je manuscript maken of laten maken. Amazon is de enige die met een mobi file werkt. De rest van de wereld gebruikt een epub bestand.

Van deze mogelijkheden zou ik Kobo, Draft2Digital, en Smashwords aanbevelen. Kobo, een subdivisie van het Japanse Rakuten, is de grootste in Canada, en wordt over het algemeen als prettig ervaren in Nederland. Kobo heeft bovendien een samenwerkingsverband met bol.com.

Kobo en Draft2Digital hebben een gebruikersvriendelijk dashboard en bieden ook de optie je ebook onder te brengen bij Overdrive, de grootste leverancier aan bibliotheken wereldwijd. Dat maakt Kobo en Draft2Digital een aantrekkelijk alternatief.

kobo.com/us/en/p/writinglife

Het verdient aanbeveling deze bedrijven te volgen zodat je op de hoogte bent van ontwikkelingen. Er is veel gaande; ze willen dolgraag marktaandeel van Amazon veroveren.

Publishdrive

Dit is een vrij recente aggregator gericht op de ebook markt in Rusland, Oostenrijk, Zwitserland, China (Dangdang), Ciando, Overdrive, Scribd, Amazon, B&N, Playster, Odilo, Bookmate, Gardners, etc. Ook al is hun bereik groot en zijn je ebooks beschikbaar in landen die Amazon niet bereikt, vind ik de resultaten niet zo bemoedigend.

Draft2Digital

Via Draft2Digital kun je je ebook ook plaatsen op Kobo, AppleIBooks, Nook, Playster, Scribd, Tolinio, 24Symbols, Biblioteca, en ook de distributeur Baker & Taylor.

Het fijne aan dit platform is dat je helemaal niet meer hoeft te formatteren. Upload gewoonweg je Word file, en hun software maakt er een acceptabel bestand van. Ze produceren niet alleen ebooks, maar ook paperbacks.

TIP Je zou Draft2Digital kunnen gebruiken als je eenmaal een serie ebooks hebt. Een veel toegepaste methode is om de eerste van de serie permanent gratis aan te bieden om zo meer lezers voor de rest van je serie te krijgen. Op Draft2Digital is het een kwestie van een prijs (nul dus) invullen om je ebook op permanent gratis te krijgen.

Je kunt niet zomaar je ebook 'perma free' op Amazon zetten. Daarvoor moet je eerst je ebook op een ander platform (het liefst op meerdere) permanent gratis aanbieden. Vervolgens stuur je een mail naar Amazon met de vraag of ze deze prijs (van $0.00) 'matchen'. Dat verzoek wordt vaak gehonoreerd, ook al duurt het even. Je krijgt de mededeling dat ze zich het recht voorbehouden dit weer terug te draaien. Amazon is niet dol op perma free omdat ze hier niet aan verdienen.

TIP Indien je je manuscript met Microsoft Word hebt geschreven dan bevat je Word bestand veel code die het maken van een epub hindert. Hier is een simpele oplossing voor. Gebruik www.word2cleanhtml.com en zet daarin je Word bestand hoofdstuk voor hoofdstuk. Het programma haalt de code eruit en geeft jou een schone tekst. Vervolgens upload je die opgeschoonde bestanden naar het gratis programma Sigil waarmee je een epub kunt maken.

Smashwords

Smashwords is een aggregator die jouw ebook op diverse andere uitgeefplatforms zet. Smashwords werkt op een heel andere manier dan Amazon.

Als je met Smashwords werkt, krijg je minder commissie per ebook dan wanneer jij direct je epub bestand aanlevert bij de diverse partijen, maar het scheelt je veel tijd.

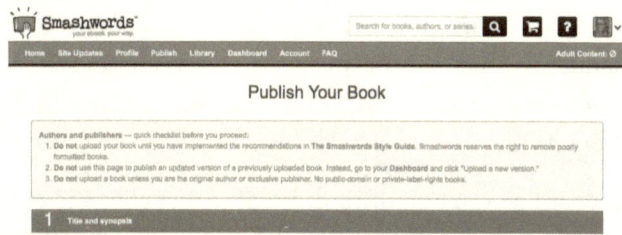

Self publishing platform Smashwords is een gigant. Smashwords zet ebook ook door aan Amazon, maar niet andersom, dus heeft een groter bereik. Bij Smashwords hoef je ook geen ISBNs te hebben.

Ondanks dat grotere bereik zou ik je afraden om via Smashwords naar Amazon te uploaden omdat je dan geen controle hebt over promotiemiddelen. Maar wil je uit KDP Select, gebruik dan deze aggregator. Via Smashwords wordt jouw ebook geplaatst op de volgende platforms.

Via Kobo kun je je ebook ook op Walmart krijgen! En Tolino bevoorraadt Duitse ebook winkels. Je kunt een coupon genereren waarmee een klant jouw ebook kan aankopen tegen een bepaalde korting.

Mark Cokers' *De Smashwords Stijlgids* is handig als je zelf wilt formatteren, want Smashwords stelt weer andere eisen aan de conversie dan Amazon. Smashwords heeft een 'autovetting' systeem waar je niet langskomt als je manuscript niet aan de juiste voorwaarden voldoet. *De Smashwords Stijlgids* is gratis te downloaden van het internet.

Het aardige van Smashwords is dat je niet alleen je eigen auteurspagina krijgt, maar ook een - zelf te maken - interview.

Ingrams

En de beste hebben we voor het laatst bewaard: Ingramspark.com. Alleen als je je paperback op Amazon NIET in Expanded Distribution hebt staan kun je een account aanmaken bij IngramSpark en je paperback files uploaden. Het grote voordeel is dat je paperback daarmee te verkrijgen is in boekhandels over de hele wereld! Ik adviseer om je ebook gewoon op Amazon te laten staan in KDP Select.

---

1. In 2015 heb ik een deel van mijn boeken uit KDP Select gehaald en op andere sites aangemeld. Ik heb het een half jaartje aangezien maar toen er weinig of niks gebeurde heb ik de ebooks weer in KDP Select gezet.

BOL.COM

Sommige auteurs willen graag ook bij bol.com verkocht worden. Begrijpelijk, want in Nederland is bol.com tot nu toe de grootste geweest. Er is een trucje om je paperbacks op dit platform verkocht te krijgen.[1] Alleen is de vraag of je dat nog wilt doen nu de amazon.nl store ook paperbacks verkoopt.

De meest gebruikelijke methode was altijd: een aansluiting nemen bij het CB (voormalig Centraal Boekhuis), je bestanden uploaden en dan de gewenste platforms aanvinken. Een volledige aansluiting bij het CB is behoorlijk duur. Wil je perse dat je boeken beschikbaar zijn in boekhandels, dan zou je een gemeenschappelijke aansluiting kunnen nemen bij De Vrije Uitgevers.

Gelukkig is er een alternatief voor fysieke boeken. Een simpele methode om ook op bol.com te staan, is om je daar te registreren als zakelijke verkoper.

Upload de gegevens van je paperback. Mogelijk herkent het systeem je boek al wanneer je het ISBN invult. Bepaal je prijs, en binnen 48 uur staat je paperback op bol.com met jou als verzender / bol.com partner. Je moet de levertijd aangeven, en niet vergeten je 'winkel' te sluiten als je op vakantie gaat.

Zo kun je je eigen paperback verkopen waarbij je zelf de verzending doet. Dat is geen ramp om te doen, tenzij het boek natuurlijk erg goed loopt. Dan heb je een luxe probleem, maar wel weer een gezonde dagelijkse gang naar het postkantoor.

---

1. Ik ben overigens benieuwd wat Alibaba gaat doen. Deze Chinese gigant lijkt een van de grootste bedreigingen te vormen voor firma's als Amazon, bol.com en CoolBlue.

AUDIO

Heb je eenmaal je boek gepubliceerd, overweeg er dan ook een audio-versie van te (laten) maken. Audio's zijn relatief makkelijk te produceren en schijnen - afhankelijk van het genre - soms beter te lopen dan ebooks!

De markt voor audio is booming. Het mooie is dat je er weer een hele andere markt mee aanboort. De gemiddelde audio luisteraar heeft ook meer te besteden dan een ebook lezer. Men luistert vaak in de auto, tijdens het hardlopen, of tijdens de reis naar en van het werk.

Of je nu zelf je eigen audio versie gaat inspreken of dat door een professional laat doen, het volgende voorbereidende werk moet altijd gebeuren:

- Neem je manuscript hoofdstuk voor hoofdstuk door
- Highlight passages waarvan je wilt dat deze eruit springen
- Geef aan waar je adempauzes wilt inlassen. Misschien merk je dat bepaalde zinnen nogal lang zijn. Kort deze dan in.

- Je manuscript is geheel voorzien van aanwijzingen voor adempauzes en accenten.

Zelf een audio produceren

Hoe gaat het in zijn werk als je de klus zelf wilt klaren? Technisch is het niet ingewikkeld, maar je moet er wel even voor gaan zitten.

Je downloadt de gratis audacity software van het internet. Als je een Apple hebt kun je de gratis Garageband software gebruiken. Afhankelijk van de kwaliteit van je interne speakers van je PC of Apple, schaf je een goedkope USB microfoon aan. Koop niet een al te gevoelige microfoon omdat die al het omgevingsgeluid opneemt.

De volgende microfoons worden over het algemeen door de professionals in het veld aanbevolen: de Samsung QTU en de ATR 2100. Een pop filter (goedkoop) is aan te bevelen omdat je anders de B's en de P's teveel hoort.

Kies bij voorkeur geen hal of ruimte waar het zou kunnen galmen. Een kleine kamer is het best. Sluit de deuren en ramen. Neem je boek per hoofdstuk op.

Als je een fout maakt, blaas een keer hard in de microfoon zodat je later precies op je audacity software scherm kunt zien waar je de fout hebt gemaakt, en begin de zin opnieuw. Knip dan het foute gedeelte eruit.

Download de mp3- bestanden op je computer.

Upload de mp3-bestanden vervolgens naar het gewenste platform, als naar de Amazon affiliate acx.com, of ListenUp AudioBooks of Findaway Voices of

Authorsrepublic. Je kunt hier zowel je zelf opgenomen bestanden uploaden of gebruikmaken van hun diensten.

Hier vind je goede tips over het zelf opnemen van audios:

acxuniversity.com

Audioproductie uitbesteden

Laatstgenoemde platforms hebben net als ACX een pool aan sprekers. Op Authorsrepublic vind je een selectie aan audiodiensten:

authorsrepublic.com/creation

Zoek een spreker die past bij jouw boek. Misschien wil je de stem van een man of vrouw, van een Engelsman met een posh accent of juist van een Amerikaan van de East Coast. Er is volop keuze. Probeer de ergste accenten te vermijden..! Soms tref je een Australiër met een waanzinnig accent. Ik denk dat dat de verkoop van je audio niet ten goede komt.

Luister naar de voorbeelden, en laat ze een gedeelte van je manuscript inspreken zodat je het resultaat goed kunt beoordelen. Maak een keuze.

TIP Probeer een exclusief contract te vermijden, omdat je op die manier vaak de mogelijkheid verliest om de prijs van je audio aan te passen. Je wilt namelijk de mogelijkheid behouden om af en toe je audio gratis aan te bieden.

Verdiensten

Er zijn verschillende verdienmodellen, en ze zijn ook per audio platform verschillend. Hoe meer je investeert, hoe meer rechten je zelf kunt houden. Heb je weinig te besteden, dan moet je genoegen nemen met minder royalty's. Er is voor elk wat wils. Zorg ervoor dat je audio altijd gedistribueerd wordt via Audible, want zij zijn de grootste.

Gebruik van de Audio

Je zou de audio voor promotiedoeleinden kunnen gebruiken, of bijvoorbeeld naar Apple of naar audiobooks.com kunnen uploaden.

Ook kun je een gedeelte als podcast op je auteurs website, op Twitter, Facebook, Storytel of Soundcloud plaatsen.

XI

BIJLAGEN

CHECKLIST BOEKLANCERING

Maak een plan voor elk boek dat je gaat uitgeven. Dit plan is afhankelijk van de tijd die je hebt voor de lancering, welk publiek je bedient, en ook met welke media je je comfortabel voelt. Sommige auteurs zijn dol op de sociale media en adverteren, anderen weer helemaal niet.

Hierbij een checklist voor een goede lancering:

6 maanden voor publicatie

O Post een 'cover reveal', met daarbij de publicatiedatum (hoeft nog niet een preciese datum te zijn)

O Verzamel lezers die graag je boek willen proeflezen c.q reviewen

O Zet een korte samenvatting op je website

O Informeer je emaillijst

3 maanden voor publicatie

O Maak visuals op basis waarvan je mooie posts kunt maken

O Ontwerp posts met quotes uit je boek. Voeg je pre-order link toe als je die al hebt

O Geef ARCs weg. ARCs zijn gratis review exemplaren van je boek. Het makkelijkst is hiervoor bookfunnel te gebruiken. Daarmee kun je op eenvoudige wijze een mobi bestand, epub of PDF weggeven

O Zodra de eerste reviews binnenkomen, deel je ze met je publiek

O Maak een boektrailer of laat er een maken

O Zodra je ebook op pre-order staat, kondig dit aan op de sociale media

O Laat visitekaartjes maken met op de achterzijde de boekcover

O Stuur ARCs naar de belangrijke media op jouw vakgebied, en gebruik daarvoor al de reviews die je hebt ontvangen.

O Laat flyers, kaarten of boekenleggers produceren

1 maand voor publicatie

O Maak Countdown posts aan voor 1 maand, 3 weken, 2 weken, een week en een dag voor publicatie

O Maak een Pinterest board die speciaal gewijd is aan jouw boek. Zet daarop alle visuals die je hebt gemaakt, en laat ze allemaal direct naar jouw website verwijzen

O Deel je boektrailer

O Produceer interessant bonusmateriaal dat je kunt gebruiken om weg te geven

O Maak een BookBub auteursprofiel aan

O Post over jou als auteur

O Update je sociale media headers, en wel zo dat ze te samen een eenheid vormen

O Zet je pre-order kracht bij met advertenties

O Plaats afbeeldingen op je website die geopend kunnen worden op Pinterest. Liefst verticaal formaat

O Regel een blogtour voor als je boek live is

Boeklancering

O Mail je mailinglijst dat het boek vandaag te verkrijgen is

O Deel op alle sociale media

O Schrijf een LinkedIn artikel

O Doe boektours en signeersessies

O Update de laatste pagina van je ebook met link naar de review pagina op Amazon van je nieuwe boek zodat mensen zonder probleem een review kunnen achterlaten

Na publicatie

O Werk samen met andere auteurs en doe campagnes waarbij jij hun boeken promoot en zij die van jou. Jullie taggen elkaar

O Stel Q&A's op en bespreek ze in een Facebook Live chat of Twitter chat

O Zet een Ask me Anything op Reddit: https://www.reddit.com/r/AMA/ Je headline is iets als: I am the author of... Ask me anything about my book

O Maak constant nieuwe visuals met daarop quotes uit de reviews

O Check of Goodreads je boek al op hun site heeft gezet. Is dat niet het geval, plaatst het er dan zelf op

O Probeer in te haken op seizoenen, of speciale dagen: https://nationaldaycalendar.com

O Organiseer met regelmaal gratis weggeefacties. Gebruik hiervoor de Free book promotion op je KDP dashboard

O Gebruik je Amazon affiliatelinks in al je uitingen

O Deel je succes en mijlpalen met je volgers

O Blijf werken aan het verkrijgen van reviews!

HANDIGE WEBSITES

Er zijn veel auteurs die zich op de self publishing markt richten. Ze gebruiken hun eigen ervaring om auteurs in de wereld van het publiceren te introduceren.

Je hebt nu behoorlijk goede kennis van het uitgeven en promoten van een boek op Amazon, maar je kunt altijd bijleren. Ik raad dat van harte aan.

Ik noem enkele van de beste van wie je veel kunt leren. In plaats van dit handboek voortdurend te moeten updaten raad ik je aan vanaf nu podcasts te volgen om bij te blijven. De wereld verandert namelijk in een razend tempo.

Dave Chesson van de Kindle Preneur

https://kindlepreneur.com/book-marketing-101

Op deze pagina vind je meer podcasts:

https://kindlepreneur.com/best-podcasts-for-writers-and-self-publishers/

Mark Dawson van The Selfpublishing Formula

https://selfpublishingformula.com/spf-podcast/

Joanna Penn van The Creative Penn

https://www.thecreativepenn.com/podcasts/

Bryan Cohen van Best Page Forward

https://sellmorebooksshow.com/

En tot slot een algemene website die veel informatie biedt aan auteurs:

HASHTAGS VOOR AUTEURS

Hashtags werden voor het eerst gebruikt op Twitter om een bericht beter vindbaar te maken. Nu worden ze op de meeste sociale media gebruikt. Begrijp je een hashtag niet, dan kun je een van deze tools gebruiken om te zien wat een bepaalde hashtag betekent:

tagdef.com of hashtags.org

Over het algemeen wordt aangeraden om er niet meer dan twee per bericht te gebruiken.

Dit zijn handige hashtags voor auteurs in de diverse stadia van het schrijf- en uitgeefproces:

- #99c
- #amwriting
- #amediting
- #AuthorChat
- #askagent
- #askauthor
- #askeditor
- #bestseller

- #bibliophile
- #bookworm
- #bookgiveaway
- #bookmarket
- #bookmarketing
- #bookworm
- #BYNR
- #eBook
- #FollowFriday / #FF
- #Free
- #GetPublished
- #Giveaway
- #FreeDownload
- #FreebieFriday
- #FridayRead
- #Greatreads
- #HotTitles
- #KindleBargain
- #reader
- #WhatToRead
- #ThankfulThursday

NAWOORD

Sinds 2012 werk ik met Amazon. Het prettige van publiceren op Amazon en op al die andere internationale platforms is dat je een (bescheiden) bron van passieve inkomsten aanboort en je naam internationaal neerzet.

Ik hoop dat je veel opgestoken hebt. Nu kun je zelf aan de slag. Ik zou je willen aanraden om, als je de stappen hebt opgevolgd en eenmaal weet hoe het moet, vooral veel te experimenteren. Voor zoveel mogelijk effect, moet je voortdurend aandacht blijven besteden aan de boekpromotie. Dat is de sleutel tot succes.

Elk boek is anders, en het kan goed zijn dat de ene methode beter werkt dan de andere. Blijf ontwikkelingen goed bijhouden omdat de wereld van het digitale uitgeven zich razendsnel ontwikkelt.

Ik kan me voorstellen dat het je een beetje duizelt; er komt nu eenmaal veel kijken bij publiceren op Amazon, met name waar het de boekpromotie betreft.

Toen ik begon in 2012 heb ik er lang over gedaan om alles

onder de knie te krijgen. De leercurve voor jou is gelukkig veel korter omdat de basisprincipes in dit handboek staan.

Mocht je toch nog met vragen zitten, dan kun je een consult aanvragen via: info@amsterdampublishers.com.

REQUEST FOR REVIEW

Als dit handboek nuttig is geweest (ja, daar komt de door mij aanbevolen 'Review Request'), dan zou ik het enorm waarderen als je een review zou kunnen achterlaten. Het hoeft geen essay te zijn. Een paar zinnen is genoeg! Je zou me hiermee reuze helpen.

Veel dank bij voorbaat

Liesbeth Heenk

www.ingramcontent.com/pod-product-compliance
Lightning Source LLC
LaVergne TN
LVHW041704070526
838199LV00045B/1198